KB128507

작한 이기주의자 선언

착한 이기주의자 선언

초 판 1쇄 2023년 02월 28일

지은이 김수연
펴낸이 류종렬

펴낸곳 미다스북스
총괄실장 명상완
책임편집 이다경
책임진행 김가영, 신은서, 임종익, 박유진

등록 2001년 3월 21일 제2001-000040호
주소 서울시 마포구 양화로 133 서교타워 711호
전화 02) 322-7802~3
팩스 02) 6007-1845
블로그 http://blog.naver.com/midasbooks
전자주소 midasbooks@hanmail.net
페이스북 https://www.facebook.com/midasbooks425
인스타그램 https://www.instagram/midasbooks

© 김수연, 미다스북스 2023, *Printed in Korea*.

ISBN 979-11-6910-172-1 03190

값 **15,000원**

※ 파본은 본사나 구입하신 서점에서 교환해드립니다.
※ 이 책에 실린 모든 콘텐츠는 미다스북스가 저작권자와의 계약에 따라 발행한 것이므로 인용하시거나 참고하실
   경우 반드시 본사의 허락을 받으셔야 합니다.

미다스북스는 다음세대에게 필요한 지혜와 교양을 생각합니다.

당신의 호의에도 가시가 필요하다

착한 이기주의자 선언

김수연 지음

미다스북스

당신이 착하고 여린 사람이라
세상을 힘들게 살고 있다면

40대를 마무리하는 이즈음에 새로운 출발을!

어느새 나이 40대 후반을 달리고 있는 나. 누구나 이 나이쯤 되면 한 번은 살아온 지난 시간을 뒤돌아보게 될 것이다. 그리고 앞으로 있을 반백 년을 어떻게 살까 고민하며 인생의 중반부를 보내게 될 것이다. 짧지 않은 48년의 시간. 나는 과연 무엇을 하고 살았을까? 어린 시절 15년가량은 나름 고향의 추억이 있는 시절이었고, 거의 30살이 될 때까지는 공부와 수련의 기간이었으며, 후반의 20년가량은 내 인생에서 가장 혹독하고 치열한 삶을 살았다고 할 수 있다.

나는 대학교 졸업 직후, 바로 결혼을 하고 병원에서 인턴 일을 하면서 사회생활을 시작했다. 기억을 더듬어보면, 지금까지의 나의 삶 저변에

깔려 있던 '두려움'의 감정은 아마 이때부터 시작되었던 것 같다. 부모님 품을 벗어나 처음으로 세상에 나서는 건 누구나 마찬가지일 테지만, 나는 마음의 준비가 되기 전이었다. 지금 생각해보면 세상 사람들이 다 나와 같다는 순진한 생각으로 겁도 없이 나섰던 것 같다.

나는 세상에 나아가 온갖 상처를 받고 사기도 당하고 나서야, 착하고 약해 빠진 내 성격 때문에 힘들게 살고 있음을 깨달았다. 어렸을 때는 성격이 착하고, 어른들이 시키는 대로 하는 게 최고라고 생각했다. 그러나 막상 세상에 나가보니, 그런 것은 오히려 나를 손해만 보게 만들었고, 이 세상에서 살아남으려면 좀 더 강하고 지혜로운 사람이 되어야 한다는 걸 깨달았다. 나는 부담만 커져갔다.

세상은 혹독했다. 대학 입시와 전문의 수련 과정은 아무것도 아니었다. 레지던트 시절 큰아이에게 장애가 있다는 사실을 알고 청천벽력 같은 절망감에 나는 어쩔 줄을 몰랐다. 그리고 그런 아이를, 복지 정책이 허술한 이 대한민국 땅에서 힘겹게 키워야만 했다. 그러면서 나 혼자 병원을 경영하며 많은 우여곡절을 겪었고, 몇몇 사기를 당했으며, 결혼 생활도 원활하지 못했다. 이 휘몰아치는 세상의 풍파에, 착하고 순진한 성격의 나로서는 혼자 견뎌내기가 너무나도 버거웠고 눈물겹게 힘들었다. 나는 그냥 주어진 의무와 책임을 완벽하게 완수하려고 인내하고 애쓰며 산 것 뿐인데, 결과는 상처투성이에 몸과 마음만 자꾸 지쳐가는 것이었다. 요령도 피울 줄 모르고, 도움을 요청할 줄도 몰랐으며, 이기직으로 나를 먼저 챙기는 것도 할 줄 몰랐다. 결국 나는 모든 에너지가 소진되어 내 인생 처음으로 진정한 휴식을 해야만 하는 지경에 이르렀다.

어느 정도 시간이 지난 지금, 지난 과거의 수많은 풍파들과 경험들을 생각하면 이젠 피식 헛웃음이 나온다. 지금이라도 일일이 거론하자면 며칠 밤을 새고도 남겠지만, 이제는 그럴 생각이 없어졌다. 이제는 그냥 다 지나온 것들이라는 생각이 든다. 나이를 먹어서 그런가? 이제는 예전보다 화도 덜 나고, 감정도 옛날에 비해 쉽게 흔들리지 않는 나 자신을 발견하게 된다. 내가 이런 얘기를 누군가에게 했더니, 이 증상은 분명 내가 늙어가고 있다는 증거이고, 갱년기가 가까워지고 있다는 징조라고 하더라마는, 나는 오히려 폭풍 뒤의 잔잔한 바다와 같이 내 마음이 점점 평온해지는 것 같아 내심 반갑고 즐거운 마음이 들었다.

이렇게 내 마음이 평온함을 찾기 이전에는, 나는 왜 그렇게 고된 삶을 살았을까 하는 깊은 고민에 빠져 한동안 괴로워하며 지냈었다. 남들은 이기적으로 살아도 잘만 사는데, 나는 착해서 손해만 보나 싶어 스스로를 많이 탓했다. 핑계인 듯 험악한 세상을 탓했고, 나에게 이런 연단을 주신 신(God)에게도 투정을 부렸었다. 이 괴로움은 편집증과 우울증으로 번졌고, 꽤 오랜 시간 깊은 수렁에 빠지기도 했다. 그러나 지금 생각하면, 이런 고뇌의 시간들이 있었기에 나는 지금 큰 깨달음을 얻었고, 불행하고 혹독하게 느껴졌던 과거의 내 삶이 지금은 나에게 큰 지혜를 준 값진 경험이었다고 받아들이게 된 것 같다.

이제는 과거의 내 삶이 부끄럽지도, 그리 후회스럽지도 않다. 나는 그 속에서 큰 교훈을 얻었고 크게 성장했으며, 이 지구별에서 겪어야 할 나의 카르마를 해결하기 위해 열심히 잘 살아왔다고 나 스스로를 토닥이는 마음으로 지낼 수 있게 되었다. 무엇보다 나 자신을 정말 사랑하게 되어 너무나 기쁘다. 이 세상은 나의 생각과 마음에 따라 현실화된다는 것을 깨달았고, 세상의 중심은 바로 '나'라는 조금은 이기적인 사람이 돼보자고 결심하게 되었다. 지난 세월동안, 엄마로서, 의사로서의 역할에 매달려 치열하게 살아왔지만, 앞으로는 뭔가 내 인생이 조금은 달라질 것 같다는 생각이 든다. 이 책을 시작으로, 좀 더 많은 사람들에게 선한 영향력을 끼치며 삶의 지혜를 나누는 작가로서의 삶이 새롭게 시작되어 정말 기쁘다.

아직 인생을 다 산 것은 아니지만, 인생의 절반쯤 살아온 이 시점에 내 인생을 통해 깨달은 것들을 나와 비슷한 '착한' 사람들에게 조심스럽게 나누어주고 싶다. 스스로 생각하기에 나는 강하고 지혜로운 사람이라면 이 책에 관심을 가지지 않아도 좋다. 그러나 자신이 착하고 여린 사람이라 세상을 힘들게 살고 있다고 느끼는 사람들이 있다면, 이 책에 적은 나의 진솔한 얘기들이 가슴에 와닿으리라 믿는다.

실행하기 어려운 고리타분한 주문을 하고 싶지 않있다. 그냥 내가 겪은 경험과 거기서 느낀 솔직한 내 감정과 깨달음에 대해 얘기하고자 했다. 그리하여, 착하고 여린 사람들이 함께 공감하고 감동을 느끼며, 착해도 훌륭한 이기주의자가 될 수 있다는 작은 용기를 갖게 되기를 간곡히 바란다. 젊은 청년이라면 조금이라도 인생의 실수를 방지하는 데에 도움이 되었으면 한다. 그리고 나이를 먹은 사람이라 해도 과거를 후회가 아닌 값진 경험과 지혜의 기회로 삼아, 앞으로는 더욱 멋지고 행복하게 자신이 중심이 되는 삶을 살기를 희망한다.

착한 사람들이여! 한 가지만 기억하자. 이 세상의 중심은 바로 '나'이며, 내가 가장, 최고로 소중하다는 것을!

2023년 2월 어느 날
김수연

목차

1장_그 사람은 내게 왜 그렇게 무례했을까?

2장_당신의 착함에는 가시가 필요하다

3장_이제부터는 내가 원하는 대로 살겠습니다

4장_남의 말에 휘둘리지 않는 착한 이기주의자로 사는 법

5장_가장 소중한 나! 이제는 착한 이기주의자로 살겠습니다

그 사람은
내게 왜 그렇게
무례했을까?

나는 왜 맨날 이용만 당할까?

착한 사람의 특징은 무엇일까?

1. 마음이 여리다.

2. 다투는 것을 싫어하고 싸울 줄도 모른다.

3. 다른 사람의 일을 도와주지 못하면 미안한 마음이 든다.

4. 사람들에게 관심 받고 칭찬받고 싶어 한다.

5. 상대방이 기분 좋아야 나도 기쁘기 때문에 상대방이 화나지 않게 늘 눈치를 본다.

6. 잘 참고 견딘다.

7. 부탁을 거절하지 못하고, 거절하면 상대방이 상처받거나 화를 낼까 봐 두렵다.

8. 할 말을 못 해서 나중에 후회한다.

9. 주위 사람들에게 내가 맞춰가면서 산다.

10. 남의 행동이나 말투에 쉽게 상처받는다.

11. 다른 사람을 잘 도와주지만, 정작 나는 피해를 보는 경우가 많다.

12. 항상 손해 본다는 느낌이 든다.

13. 다른 사람에게 이용당할까 두렵다.

14. 참다 참다가 한마디 하지만 비난으로 돌아온다.

당신은 몇 개에 해당되는가? 이 중 10개 이상 항목에 해당되면 '중증'의 '착한 사람 증후군'이라고 할 수 있다. '중증'인 경우 착하고 소심하다 못해, 늘 불안감과 피해 의식이 있을 수 있고, 대인관계에 문제가 있을 가능성이 높다.

착한 사람은 거절을 잘 못한다. 나 역시도 그렇다. 도와 달라는 부탁을 거절하지 못하거나, 돈을 빌려달라고 하면 마지못해 빌려준다. 누가 물건을 사라고 권하면 거부하기가 힘들다. 거절을 잘못하는 마음 저변에는, 아마도 마찰을 피하고 싶은 마음이 있을 것이다. 그리고 상대를 실망시키는 게 불편한 마음이 강할 것이다. 내가 거절해서 마음이 불편할 바엔, 차라리 도와주는 게 쉽다고 느낀다. 그리고 "내가 이렇게 계속 배려해주면 상대방도 나에게 고마워하고 나중에 보답하려고 하겠지." 하고 기대를 하게 된다. 그러나 이것이 문제다. 왜냐하면 그것은 나의 착각이기에 결국 나만 상처받고 손해를 보게 되기 때문이다.

착한 사람은 이렇게 계속 이용만 당하다가 상처가 쌓여 화병이나 우울증이 생기기도 한다. 그때그때 할 말도 못 하고 나중에 후회하기를 반복하다 보면, 나는 왜 이러고 살까 싶어 자괴감이 들어 우울해진다. 이 악순환의 고리를 끊기 위해서는 많은 용기와 연습을 필요로 한다. 왜냐하면 타인이 아닌 나 스스로 헤쳐 나갈 문제이기 때문이다.

기껏 상대에게 배려를 해줬더니 그가 고마움을 모를 때가 있다. 착한 사람은 이럴 때 쉽게 상처를 받는다. 물론 상대가 원래 무례한 사람이어서 나 몰라라 하는 경우도 있다. 하지만 나의 배려가, 상대가 별로 원하지 않은 것이었다면 어떨까? 괜히 나만 속으로 대가를 바라고 했던 건 아니었을까? 대가를 바랐는데 돌아오는 것이 없으니 서운하고 상처가 쌓이는 게 아닌가? 이렇게 어설픈 배려도 문제다.

무조건적인 헌신도 금물이다. 착한 사람이라 인정받고 싶고, 연인에게 사랑받고 싶은 '인정 욕구' 때문에 참기만 하고 헌신만 한다. 그러나 그렇게 헌신만 하다 헌신짝이 되어버리곤 한다. 내가 자존감이 낮아서일까? 나쁜 사람이라는 것을 용납하지 못하는 완벽주의자라서일까? 아니면, 이 세상을 화평하게 만들어야 하는 사명을 띤 정의로운 용사라도 된단 말인가? 이러다 상대가 나의 배려를 당연시하며 고마움을 몰라주면 나는 얼마나 큰 상처를 받겠는가.

우리가 인간관계에서 느끼는 가장 기본적인 불안감은, 사람들에게 자신의 존재를 거부당할까 두려워하는 '거부 불안'이다. 이것은 누구나 다 가지고 있는 것이다. 인생 자체는 인간관계로 이루어져 있기 때문에 우리는 관계를 통해 성장한다. 물론 모두가 좋은 인간관계를 원한다. 그럼 좋은 인간관계란 무엇일까? 착한 사람이 쉽게 이용당하기만 하는 이유는, 인간관계의 양상에 불균형이 있기 때문이다.

정신건강의학과 전문의 양창순 선생님의 저서 『나는 까칠하게 살기로 했다』의 내용에 의하면, 인간관계의 양상은 크게 세 가지 유형으로 나뉜다. 타인을 지배하고 통제함으로써 자신이 우위에 서고자 하는 지배형, 인간관계에 불편감을 느껴 거리를 두려고 하는 회피형, 인간관계에서 애착 형성을 중요시 하는 친밀형 세 가지가 있다고 한다.

건강한 인간관계란 이 세 가지 유형이 골고루 균형을 이룬 상태를 말한다. 그러나 착한 사람은 지배형, 회피형보다는 친밀형에 치우쳐 있는 것이다. 무의식적으로 거부 불안을 해소하기 위해 친밀하게만 하려고 하니까, 상대방을 무조건 기쁘게 해서 자신을 인정받고 싶어 하는 것이다. 이 불균형을 해결할 실마리는 우선 나 자신을 돌아보는 데에 있다. 나 자신의 나약함, 쓸데없는 애착에의 집착을 우선 직시하고 바라보아야 한다. 그리고 고통스럽겠지만 이러한 나의 불완전성을 인정하고 받아들여야 한다. 그런 다음 이것에서 벗어나기 위해 꾸준히 노력하고 조금씩 앞으로 나아가야 한다.

우리는 초점을 타인이 아닌 나 자신에게로 돌려야 한다. 남들 눈치만 보고, 남들이 나를 인정해주는 것만 갈구하며 살지 않기 바란다. 중요한 것은 바로 나 자신이 하고 싶은 것이 무엇이고, 하기 싫은 것이 무엇이냐 하는 것이다. 나는 그냥 내가 사랑하고 좋아하는 사람에게 내가 하고 싶은 것을 하면 된다. 그다음엔, 내가 헌신하는 것으로 그냥 끝이고, 그 대가를 바라서는 안 된다. 그래야 상처받지 않는다. 아니면 배려를 하되, 그들에게 표현을 동시에 하는 것도 좋다. 내가 너를 사랑하고 좋은 마음으로 해주는 거라고 말이다. 생색내는 것 같아 좀 민망하긴 할 것이다. 그렇지만, 그들이 몰랐던 나의 배려를 일깨워주는 계기가 될 수도 있고, 나 스스로도 자존감을 지키는 지름길이 될 수도 있다.

반대로 내가 하기 싫은 일이 있다면, 그냥 안 하면 된다. 우리 착한 사람들은 이 부분에 많은 용기와 연습이 필요하다. 그러나 시작이 어렵지 한두 번 하다 보면 점점 익숙해질 것이다. 용기가 필요한 순간이 오면, "나도 이제 좀 이기적으로 살아보자!", "나한테 손해가 될 짓을 왜 해?" 하고 스스로에게 외치면 된다. 내가 "이기적이 되고 되바라져야지!" 하고 결심을 해야, 그나마 객관적인 기준으로 봤을 때 정상 범주(?)에 들어올 것이다.

그들이 삐치거나 실망한들 그게 나랑 무슨 상관이란 말인가? 내가 손해 보는 게 더 싫지. 참다 참다가 나중에 폭발해서 더 비난을 들을 바엔, 처음부터 싫으면 싫다고 말해야 한다. 당장은 까칠하거나 이기적이라는 말을 들을 수도 있다. 그러나 내가 억지로 참고 참으면, 정신적 스트레스로 속병만 생기고 배려가 아닌 '희생'을 하는 꼴이 된다. 그럴 바엔, 내가 거절하고 싶으면 바로 거절하는 것이 훨씬 낫다. 그냥 그들의 반응은 그들의 몫으로 남겨놓자. 난 그냥 싫으면 싫다고 말하고 스트레스 안 받는 것이 나으니까 말이다.

단, 거절할 땐 가능하면 예의를 지키는 선에서 하면 된다. 간결하고 명료하게 말하면 된다. 그렇게 하면 신기하게도 나는 물론 상대도 큰 스트레스가 없이 지나갈 수 있다. 피차 큰 상처 없이 결국 좋은 관계도 유지하면서 말이다. 질질 끌다가 나중에 폭발하고 서로 상처받는 것보다는, 처음부터 깔끔한 게 나을 것이다.

싫은 소리 하고 거절하는 것 자체를 매우 어려워하는 것이 착한 사람의 특징이다. 그러나 노력하자. 우리가 꼭 죽을 때까지 고귀하게만 살다가야 하는가? 진흙탕에도 굴러보고 때론 이기적인 짓도 해봐야 삶의 면역력이 생기지 않을까. 살아가는 매 순간순간마다 이럴 때 어떻게 해야 하나 하고 시험에 들 때가 많다. 내가 이렇게 하면 이렇게 되고, 저렇게 하면 저렇게 되겠지? 하고 머릿속으로 생각만 많다. 그렇기 때문에 대인관계가 참 어렵게 느껴질 때가 많다.

그러나 기억하자. 친밀형으로 너무 치우치지 말고, 지배형이나 회피형의 인간관계도 적절하게 섞어가며 삶을 지혜롭게 사는 연습을 하자. 때론 싫은 소리도 하고, 또 상대로부터 싫은 소리도 들어보고 하면서 삶의 내성을 키워보자. 마냥 좋은 소리만 오가는 게 아닌 것이 인생이니까 말이다. 이것을 현실로 받아들이면 나도 하고 싶은 말을 다 할 수 있는 용기가 생길 것이다. 내 마음이 굳건해질 때 상대방의 싫은 소리에도 흔들리지 않을 수 있다. 타인에게 순응만 하는 삶이 아닌, 더 이상 이용당하지 않고 내가 중심이 되어 내가 주도하는 삶을 살아보자.

02

그 사람은 내게 왜 그렇게 무례했을까?

　세상에는 무례한 사람이 참 많다. 최근, 한국EPA협회와 비폭력대화연구소가 공동으로, 직장인을 대상으로 한 '직장 내 무례함 경험 실태'에 관한 설문조사를 실시한 바가 있다〈출처: 시사매거진, 2022년 6월 27일〉. 이 조사에 의하면, 최근 6개월 이내에 직장에서 무례함을 경험한 적이 있다고 응답한 직장인의 비율은 거의 100%에 가깝다는 결과가 나왔다. 이중 50.8%의 사람들이 '참는다.'라고 답했고, 70.2%의 사람들은 시간이 지난 후에도 무례함에 대한 경험이 기억이 나서 마음이 불편하다고 응답했다. 보통 사람들이 섞인 일반 직장 내에서도 이러한데, 착하고 순한 사람들은 오죽하겠는가.

착하고 순한 사람들은 갑자기 훅하고 들어오는 무시, 폄하, 간섭 등을 많이 당하고 산다. 그러나 나는 이것이 착한 사람들 잘못이라고 생각하지 않는다. 무례하게 행동한 그 사람이 원래 나쁜 사람이라고 생각한다. 몇 가지 사례를 들어보겠다.

영화 〈골든 슬럼버〉에서 선한 사람으로 나오는 주인공인 택배기사 건우에 대한 이야기를 들어보자. 그는 오랜만에 만난 고교 동창인 무열에게 속아 폭탄 테러범의 누명을 쓰고 쫓기는 신세가 된다. 극한의 슬픔과 숨막히는 도주의 과정에서 건우는 울부짖는다.

"좀 손해 보면서 살면 어때요? 그냥 착하게 사는 게 죄인가요?"

그러나 그를 도와주던 요원 민씨는, 그에게 "모르는 척해야지! 최소한 속지는 말아야지!"라고 말한다. 선한 일로 표창장까지 받았던 건우는, 선한 사람이 악한 사람으로 변하는 걸 보여주고 싶어 하는 암흑의 세력에게 이용당하고 만다. 여기서 보면, 과연 누가 잘못한 걸까? 민씨 말대로, 바보같이 속지 말았어야 했는데 속아 넘어간 건우씨가 잘못이란 말인가? 이건 아니지 않나? 그냥 그 암흑의 세력이 못된 악당들인 거지.

주변에는 내향적이면서 조용한 사람들이 많이 있다. 또한 세상에는 이러한 내향인의 내면세계를 불쑥 침범하고 상처 주는 이들이 있다. 한 직장 내에서 무례한 선배가 내향인 후배에게 이렇게 말했다.

"그러고 보면 넌 참 조용한 것 같아. 너 학교 다닐 때도 그랬어? 그럼 동아리 같은 활동도 하나도 못 해봤겠네? 너한테 다들 그렇게 말하지 않아? 그런 이미지인데 말이야."

많은 선한 내향인들은 이런 말을 들었을 때 말문이 막혀 제대로 된 대답조차 못한다. 은연중에 침범해 들어오는 깎아내리는 말이나 외모에 대한 평가나 지적들, 그리고 원치 않는 조언이나 간섭 또한 무례한 말들이다. 내향인들은 이 문제의 원인을 자기 자신에게서 찾는 경향이 있다. 그러나 무례한 건 무례한 것이다. 그렇게 말을 한 사람이 100% 잘못된 것이다. 원치 않는 비하 발언과 간섭들은, 내향인을 희생양으로 만드는 보이지 않는 폭력이 될 수 있다.

여자 후배 의사 병원에 있었던 일이다. 진료를 보러온 어느 할아버지가, 순서를 기다리다가 빨리 봐주지 않는다며 마구 화를 내고 진료비도 내지 않고 달아나버렸다고 한다. 당황한 데스크 직원이 따라가서 비용을 받으려고 하니까, 할아버지는 마구 욕설을 하면서 지팡이로 그 직원을 때리기까지 했다는 것이다. 그 직원은 서러워서 울고, 원장은 당황하고, 병원은 난리가 나고 말았다. 도대체 세상이 어찌 돌아가는지…. 왜 이런 사람이 있는 걸까? 이 할아버지는 아마 어딜 가든지 쉽게 횡포를 부리는 무례한 사람일 것이다. 특히 자기보다 약자라고 생각하는 여지, 주위의 순하고 착한 사람, 서비스업에 종사하는 사람들에게 그럴 가능성이 크다. 이건 그냥 못된 사람이다.

세상을 살다 보면, 오랫동안 알고 지내던 친구도 시간이 흐르면서 나에게 도움이 되는 것이 아니라, 조금씩 나의 영혼을 좀먹는 사람이 되기도 한다. 대한민국의 같은 나이대의 아줌마끼리 공통의 관심사도 많고, 세상살이에 대한 한탄도 공감되는 부분이 많다. 남편 얘기, 아이 얘기, 돈 얘기, 이런 저런 얘기를 하다 보면, "세상이 다 그런 거지. 우리 마음대로 되는 게 하나라도 있니? 너나 나나 참 힘들게 산다, 그지? 세상이 하도 험악해져서 도대체 희망이 없구나! 말세야 말세!" 하면서 암울하고 부정적인 얘기만 잔뜩 하곤 한다. 둘 다 고민되는 부분이 비슷하고, 좋지 않은 경험들을 수다로 풀다 보니 이렇게 부정적인 한탄만 연거푸 하게 된다.

그런데 이런 대화를 하고 나서 가만히 생각해보면, 기분이 슬슬 나쁘고 더 우울해지는 느낌이 든다. 이 친구와 대화할수록, 둘이 함께 손잡고 어둠의 수렁으로 빠져드는 것 같은 느낌이다. 아주 기분 나쁘고 씁쓸한 경험을 한 것처럼. 하물며 세상으로부터 상처를 많이 받으며 사는 우리 착한 사람들은, 부정적인 대화에 더욱더 슬픔이 커지기도 한다. 도대체 이 친구는 나에게 왜 이러는 걸까?

이 친구는 나에게 악의가 없을지라도, 나는 분명 그에게서 안 좋은 영향을 받고 있는 것이 틀림없다. 누군가 화를 내면 그 화가 주변에 퍼진다는 말도 있지 않은가. 특히 배려심 많고 공감 능력이 아주 풍부한 착하고 순한 사람들은, 이런 사람을 조심해야 한다.

혹은, 같은 여자끼리는 이런 것도 있다. 아무리 친한 친구나 자매지간이라 할지라도 조금은 시기, 질투나 비교를 하는 속내가 있을 수 있다. 나만 슬프면 억울하니, 같은 여자인 내 친구도 같이 슬프다고 해야 내 억울함이 좀 줄어들 것 같은 얄팍한 꼼수일 수도 있다.

그러나 이런 친구와 자주 암울한 얘기만 하다 보면, 영혼이 탈탈 털려 몸과 마음이 축 쳐지고 만다. 힘든 때일수록 열심히 긍정적인 생각을 해야 다시 의욕적인 삶을 살 수 있는 것인데 말이다. 이런 친구들은 결국 내 인생에 도움이 되지 않을 것이다. 미안하지만, 연락을 끊는 게 상책이다.

더 나아가 내가 솔직하게 내 속마음을 이야기했을 때, 이것을 소문으로 퍼뜨려 뒷담화로 돌아오게 하는 사람도 있다. 혹은 나의 개인적인 이야기를 이용해 약점 삼아 사기를 치는 사람도 있다. 나도 경험한 일이다. 착하고 선한 사람들은, 처음 보는 사람에게 금방 맘이 편해져서 초면에 개인적인 이야기를 다 해버리는 경우가 있다. 아마도 자기처럼 상대도 착하고 좋은 사람이라고 착각하면서, 솔직하게 내 얘기를 해도 기꺼이 공감해주리라 기대하기 때문이리라. 그러나 이건 큰 오산이다. 오히려 상대는, 초면에 너무 솔직한 나의 모습을 보고, 만만하고 우습게 볼 확률이 크다. 사람을 너무 쉽게 믿는 나를 뒤에서 비웃든지, 아니면 상대가 못된 사기꾼이라면 나를 이용하려 들 수도 있는 것이다.

법정스님은 『인연 이야기』라는 저서에서 이렇게 말씀하셨다.

"기쁨을 나눴더니 질투가 되고, 슬픔을 나눴더니 약점이 되더라. 진실은 진실한 사람에게만 투자해야 한다. 그래야 그것이 좋은 일로 결실을 맺는다. 아무에게나 진실을 투자하는 건 위험한 일이다. 그것은 상대방에게 내가 쥔 화투 패를 일방적으로 보여주는 것과 다름없는 어리석음이다."

법정스님 말씀처럼, 사람들이 모두 나처럼 착하고 온순한 것은 아니다. 어느 정도 시간이 지나면서 그 진실함이 증명된 사람에게만 내 이야기를 하고 서로 도움을 주고받는 게 맞다. 세상에는 우리처럼 착한 사람들만 사는 것이 아니라 무례한 사람들이 너무 많이 살고 있다는 것을 알아야 한다.

막상 무례한 대접을 받았을 때, 그 즉시 상대에게 맞받아치는 것이 어려울 것이다. 왜냐하면, 배려심이 강한 착한 사람들은, 자신이 우호(?)관계를 망치는 것은 아닌지, 혹은 자신이 속 좁은 사람이 되는 건 아닌지

고민을 먼저 하기 때문이다. 나중에 결국 상대방이 나에게 잘해주겠지, 나를 배려해주겠지 하는 기대만 하고는, 무례함을 당한 그 순간에는 꾹 참으면서 결국 내 기분을 표출할 기회를 놓쳐버리고 만다. 또한 무례한 그 사람은 농담 반 진담 반으로 돌려서 공격하기 때문에, 그것이 무례함 인지 아닌지 구별조차 힘든 경우도 있다.

그러나 우리는 바뀌어야 한다. 그들에게 받은 상처는 생각보다 우리 마음속에 오래 남아, 나의 영혼을 갉아먹기 때문이다. 우리가 못나서도 아니고, 우리가 피해 의식이 있어서도 아니다. 그냥 그들이 나쁜 사람인 것이다. 누군가 당신에게 무례한 농담을 하고 상처를 준다면 그냥 당하고 있어서는 안 된다. 지금 느끼고 있는 나의 감정 상태를 나 스스로가 굳게 믿어야 한다. 그러고 나서 자신의 감정 변화를 그 즉시 상대방에게 표현하라. 상처를 준 사람이 의도했든 의도하지 않았든지 간에, 당신에게 무례를 범했다는 사실을 정면으로 마주하도록 만들어야 한다. "지금 제가 기분이 좀 나쁘네요. 당신은 지금 나에게 상처를 주고 있는 것 같아요."라고 말이다.

그 사람이 당황해하는 모습에 별다른 반응을 보일 필요는 없다. 이미 그 사람은 타인에게 상처를 주는 무례한 사람이라는 사실이 밝혀졌으니까. 나의 마음을 가장 확실하게 믿어주고 지켜주는 사람은, 다른 누군가가 아니라 바로 나 자신이란 사실을 잊지 말도록 하자.

성실하고 착한 사람은 사기꾼의 밥?

몇 년 동안 친하게 지내온 한 지인이 어느 날 나에게 이렇게 말했다.

"원장님은 그동안 정말 힘들게 돈도 벌고 아이도 키우며 사셨습니다. 제가 잘 아는 사업이 있는데, 여기에 투자하시면 매달 이자를 받으실 수 있어요. 이제 본인 건강도 좀 생각하시고, 웃으면서 사세요. 그러면 애들도 좋아하지 않을까요?"

나는 당시 병원을 운영할 때였고, 몸이 많이 지쳐 있는 상태였다. 늘 스트레스와 과로로 힘들다는 얘기를 지인들과 자주 하곤 했다. 그는 아마도 나의 이런 부분을 파고든 것 같다. 나의 나약한 부분을 말이다.

한 보험 회사 직원이 나에게 이렇게 말했다.

"원장님, 이 상품에 새로 가입하시면 11%가 넘는 높은 수익률이 보장됩니다. 돈을 많이 불릴 수 있다는 말이지요. 그러니 예전 건 해지하시고, 조금 더 금액을 높여 새로 가입해보세요."

이때도 마찬가지로 나는 병원 운영하랴, 아이 키우랴 몸과 맘이 많이 지쳐 있던 상태였다. 듬직해 보이는 보험 회사 직원이 높은 수익을 보장한다고 하니, 믿음이 갔다. 나는 당시 몸이 너무 힘들어, 일을 줄이고 싶은 마음이 강했던 참이었다. 그래서 본업 외에 부가적인 수입을 올릴 수 있는 방법은 없을까 늘 궁금해하던 시절이었다.

사기를 치는 사람의 부류에는, 처음부터 사기꾼인 사람도 있고 살다 보니 사기를 치게 되는 사람도 있는 것 같다. 그러나 결국, 당하는 사람한테는 모두 사기꾼일 뿐이다.

그러면 과연 어떤 사람이 쉽게 사기를 당할까?
사기꾼이 사기 치기에 좋은 사람의 특징을 살펴보면, 우선 순수하고 착할 것이다. 실제로 잘 속아 넘어가기도 하고, 딱 봐도 만만해 보이기 때문이다. 게다가 자신의 일에 집중하며 성실하게 사는 사람일 가능성이 크다. 자기 일 외의 다른 분야에는 경험이 부족한 사람일 가능성도 물론 클 것이다. 그리고 거기에 하나 더해 나처럼 삶에 지쳐 있는 상태라면, 최고(?)로 사기 치기 좋은 먹잇감이 되는 셈이다.

나는 바보같이 사람을 너무 잘 믿었다. 내가 그 사람을 믿듯이 그들도 나를 믿고 진심으로 도와주리라 착각했다. 우리가 상대방의 제안을 거절하기 힘든 경우는, 상대방이 제안하는 형식에 '선의'라는 프레임이 씌워 있을 때가 많다. 내 경우도 그랬다. 그들은 내가 늘 지치고 힘들어 한다는 것을 간파하곤, 그 점을 이용했다. 나에게 도와주고 싶다는 따뜻한 선의를 표해오곤 했다. 그러면 나는 그것이 고마워 이것저것 자초지종 알아보지도 않고, 그들의 제안을 덥석 물고 말았다.

내 약점은 건강 악화와 내 아이였다. 오래도록 고달픈 삶에, 누구 하나 도와주지 않아 늘 마음이 외로웠다. 바쁘고 힘들다는 핑계로 우리 아이에게 좋은 엄마가 되어주지 못하는 것 같아 늘 미안했다. 이럴 때 내미는 도움의(?) 손길은 그야말로 고맙기 짝이 없는 것이었다. 내가 선하고 착해서 누군가가 힘들 때 도와주고 싶은 것처럼, 저들도 순수하게 나를 도와주고 싶어 하는 줄 알았다.

나는 그들에게 담보도 없이 선뜻 돈을 내밀고, 시키는 대로 기존 보험을 해지하고 새로운 보험 상품을 계약했다. 정말 바보 같았다. 무언가 중요한 문제에 당면하고 있을 때, 혼자 결정하기가 어려울 수 있다. 이럴 때는 내 가족이나 지인에게 물어보고, 정확하게 알아봤어야 했는데, 난 그러지 못했다. 일하지 않고도 큰돈을 벌 수 있다는 생각에 눈이 멀었었을 수도 있다. 그런 내 무지와 욕심으로 인해 나는 결국 큰 손해를 입고 말았다.

우리 의사들은 특히나 사기를 많이 당한다. 예전에 선배 원장님들이 보통 한두 번은 다들 사기를 당한다고 말했던 기억이 난다. 인테리어 회사, 마케팅 회사 등등으로부터 말이다. 공부하고 수련하느라 바쁜 의사들은, 돈은 착실하게 벌지 몰라도, 대체로 세상 물정에 어둡다. 환자들은 많이 만나지만, 사회의 다른 영역의 사람들을 두루두루 만나기 어렵기 때문일 것이다. 특히나 다른 분야의 일들에 대해서는 거의 아는 게 없다. 그러니 쉽게 사기꾼의 밥이 될 수밖에….

하는 수 없다. 순수하고 착한 내가 자기방어를 해야겠다. 다음과 같은 말이 나에게 위로가 되려나.

"사회에 나가면, 자신이 마주치는 사람 3명 중 2명은 사기꾼이라고 생각해야 한다."

그만큼 사회에서 만나는 사람을 쉽게 믿지 말라는 뜻이리라. 특히, 상대방이 무언가를 제안할 때는 항상 경계하고, 그 속을 들여다보기 위해 노력해야 한다. 내가 순수하고 착하다고 해서, 다른 사람들 또한 그러리라는 보장이 없다는 것을 명심해야 한다.

세상에는 공짜가 없다. 기브 앤 테이크인 경우가 너무나 많다. 내 가족이 아닌 이상, 사회에서 만난 사람이 나에게 잘해주려고 할 때, 바로 휩쓸려 결정하지 말고 일단 멈출 줄 알아야 한다. 그리고 나서, 상대방이 나에게 그렇게 대할 만한 다른 이유가 있는지 따져봐야 한다. 잘 모르겠으면, 객관적으로 판단해줄 수 있는 가족이나 지인에게 물어보기라도 해야 한다.

그리고 좀 더 공부해야 한다. 내 분야가 아닌 다른 분야의 일들이 어떻게 돌아가는지 다 경험할 수는 없지만, 공부라도 해서 알아보아야 한다. 경제가 어떻게 돌아가는지, 다른 사람들은 어떤 식으로 생각하며 살아가는지, 정보를 얻어야 한다.

요즘은 재테크나 주식에 사람들의 관심이 쏠리는 듯하다. 직장에서 버는 돈 가지고는 경제적 자유를 얻기 힘들다는 인식이 높아졌다. 너나 할 것 없이, 원래의 전공과 다른 분야, 특히 경제 분야의 책이나 방송 채널을 많이 찾는다. 웰빙과 욜로(YOLO, You Only Live Once) 생활의 중요성이 커지면서, 이른 나이에 경제적 자유를 얻고 싶어 하는 사람들도 늘어나고 있다.

착하고 성실하게 자기 일만 하며 살아가는 순수한 사람들에게 말하고 싶다. 세상은 넓으며 변하고 있다고. 착하고 안전하게만 살면 안 되는 것이라고. 새롭고 통 큰 도전을 하지 말라는 이야기가 아니다. 사기꾼이 무서우니 숨어 살아야 한다는 말도 아니다. 어떤 새로운 제안이 들어왔을 때, 상대방에게 그 이유를 당당하게 따질 수 있는 까칠함과 용기를 가져야 한다는 말이다. 그래도 잘 모르겠으면, 좀 더 자세히 알아보고 공부하면 된다. 그리고 지나간 것은 빨리 잊어버리고, 다시 용기와 자신감을 가지라고 말하고 싶다. 가수 전인권의 '걱정 말아요 그대'라는 노래의 가사가 생각난다.

'지나간 것은, 지나간 대로 그런 의미가 있죠. 우리 다 함께 노래합시다. 후회 없이 꿈을 꾸었다 말해요….'

나를 뼈아프게 한 과거 사건들은 분명 나에게 큰 교훈을 줬다. 또한, 앞으로 세상을 살아가는 데 큰 자양분이 되리라고 믿는다. 그러니 과거의 나의 잘못을 용서해야 한다. 아니, 나의 잘못보다는 사기꾼이 나보다 훨씬 나빠서 그렇게 되었다고 받아들여야 한다.

항상 나를 먼저 생각하자. 그리고 나와 다른 사람의 생각이 다를 수 있음을 알았으면 좋겠다. 스스로 자신을 지킬 줄 알아야 한다. 또한, 사기를 당할까 봐 전전긍긍하지도 말자. 그런 부정적인 생각에 자꾸만 사로잡히면, 오히려 두려움만 커지거나, 그런 일들을 끌어당길 수도 있기 때문이다. 어떠한 달콤한 유혹에도 절대로 흔들리지 않는, 당당하고 똑 부러지는 자신의 모습을 끊임없이 상상하자. 처음엔 순진해 보일지라도, 겪어보면 만만하지 않은 천하무적이 되자.

04

나는 아까 왜 그렇게 말했을까?

이른바 '착하고', '순한' 사람들은, 상대방에게 쉽게 "미안해."라고 말하는 경향이 있다. 가족이든, 친구든, 직장 동료든, 고객이든 말이다. 그때 처한 상황을 빠르고 부드럽게 무마하기 위해 미안하다는 말을 남발하는 경향이 있다. 그러나 가만히 생각해보라. 분명히 사과했는데도 불구하고 해결은커녕, 오히려 상황을 더 악화시키는 경우가 있지 않은가.

연인과 다툴 때 한쪽에서 무조건 미안하다고만 하면, 상대방은 "도대체 뭐가 미안한 건데?" 하고 더 따져 물으면서 싸움이 더 커지곤 한다. 이렇듯, 착한 사람들은 "미안해."라는 말을 왜 그렇게 많이 하는 것일까?

병원에서 진료를 할 때, 가끔 환자가 나에게 항의를 할 때가 있다. 이유를 확실하게 밝히지도 않고, 결과가 마음에 안 든다며 다짜고짜 환불을 요구하는 일도 있었다. 이런 경우는 정말 난감하다. 당연히 나는 치료 전에 충분히 설명을 했고, 환자 본인도 동의를 한 후에 치료가 이루어졌다. 치료 결과는 꽤 만족스러웠고, 뚜렷한 부작용도 없었던 상황이었다. 그런데 며칠 후에 갑자기 나타나서는 마음에 안 든다며, 다짜고짜 언성을 높이며 화를 내고, 환불해주지 않으면 인터넷에 글을 올리겠다고 협박까지 하는 것이었다. 어떤 경우는 인상이 험악하게 생긴, 무슨 관계인지 알 수 없는 남자를 데리고 와서는 옆에 앉혀놓고 나를 노려보면서 위협하는 경우도 있었다.

나는 처음에 너무 겁이 나고 언성을 높이며 소리치는 이 상황이 너무 싫어서, 여기서 빨리 빠져나오고 싶은 생각만 했던 것 같다. 그래서 일단 환자에게 "죄송하다."라고 몇 번이나 반복해서 말해버리고 말았다. 그러나 그렇게 말하면서도 속으로는, "내가 뭘 잘못했지? 내가 왜 사과를 해야 하지?" 하고 스스로에게 반문을 하고 있었다. 그러나 그 말들은 내 마음속에서만 맴돌 뿐, 겉으로는 그냥 죄송하단 말만 하고, 어떤 부분이 불만인지 말해달라고 애원만 하고 있었다. 지금 생각하면 진짜 꼴사납고 화가 난다.

나는 도대체 왜 그렇게 말했을까? 내 자존심은 상처를 받더라도, 상대방에게는 끝까지 예의 바르고 배려 깊은 태도를 보여줘야 한다고 생각해서였을까? 내가 끝까지 친절하게 대하는 모습을 보여줘야, 상대가 나를 훌륭한 사람으로 인정해줄 것 같은, 그런 인정 욕구 때문이었을까? 아니면, 이도 저도 아니고 그냥, 이렇게 다투는 상황 자체가, 착하고 완벽하게 살고 있는 나에게 일어나면 안 되는 일이라고 심한 거부감이 들어서였을까? 아마 모두 다일 것이다. 나는 완벽하게 착하고, 남을 배려하고 선한 삶을 사는 사람이어야 한다는 강박 관념이 작용했을 것이다. 이런 나에겐 다툼이라는 상황 자체가 하늘이 무너지는 것 같은 고통일 것이다. 가족이나 친구와의 싸움에서도 나는 화가 난다기 보다는, 하늘이 무너지는 것 같은 고통스러움을 느끼곤 한다. 그러곤 빨리 여기서 벗어나고자 먼저 사과를 하곤 했던 것 같다.

그러나 이제 나는, 무조건 먼저 사과한다고 해서 다 좋은 해결책이 아니라는 것을 깨달았다. 미안하다는 말을 너무 자주 사용하거나 상황에 맞지 않게 사용해버리면, 오히려 더 위험한 결과를 초래할 수도 있다. 왜냐하면, 내 잘못도 아닌데 내 잘못인 걸로 인정해버려서 불필요한 오해를 불러일으킬 수도 있고, 또한 상대방의 화를 더욱더 키우는 원인이 될 수도 있기 때문이다. 중요한 건, 나중에 혼자 후회해도 이미 다친 내 자존감은 돌이킬 수 없다는 것이다.

병원에서의 상황은, 오히려 환자에게 나는 잘못이 없다고 떳떳하게 말하는 게 여러모로 좋았을 것이다. 물론, 잘못을 인정하지 않는 내 모습에 환자가 처음엔 더 화낼 수도 있겠지만, 결국엔 환자의 불안감이 누그러져 진정되는 데 도움이 될 것이었다. 내가 사과하면 할수록, 치료가 잘못된 줄 알고 오해하여, 불안감과 화가 더 커질 수가 있는 것이다. 내가 그

때 치료가 잘못되지 않았다고 당당하게 말했더라면, 괜히 서로 디 큰 상처를 주면서 환불까지 해주고 환자를 떠나보내는 일은 막을 수 있었을 텐데 말이다. 그 뒤로 이런 일을 몇 차례 겪다 보니, 이제는 어느 정도 해탈의 경지에 이른 것 같다. 만약 또 그런 상황이 있으면, 먼저 묵묵히 다 들어주며 조금 잠잠해질 때까지 기다려준 다음, 나중에 내가 하고 싶은 말을 당당하고 솔직하게 말하곤 한다. 그랬을 때 어느 정도 이해가 오가는 상황이 되면, 나는 환자가 원하는 바를 해결해 주려고 최선을 다해 노력한다. 만약 그래도 말이 안 통하면, 진짜 인격 장애가 있는 사람이거나 다른 2차적인 목적을 가지고 공격하는 것으로 받아들이고, 나도 법대로 하자고 강하게 얘기한다. 이렇게 되기까지 정말 나는 피나는 노력을 했고, 눈물 나는 경험을 많이 했노라고 고백하고 싶다.

착하고 선한 사람들이 또한 많이 하는 말이, "나는 괜찮아."인 것 같다. 이 말은 특히 가족 안에서 많이 하는 말인 것 같다. 아무리 지치고 힘들어도, 나는 엄마니까, 미안한 게 많으니까, 아이가 행복했으면 하니까 나는 늘 웃으며 "나는 괜찮아."라고 얘기하곤 했다. 맘속으로는 "나는 안 괜찮아. 나도 힘들어. 누가 도와줬으면 좋겠어."라고 말하고 있는데, 가족이 걱정에 휩싸이지 않고, 편안하고 행복하게 지냈으면 하는 마음에 솔직하게 드러내지 못했다. 그러나 얼굴에는 다 나타나나 보다. 아이는 엄마 눈치를 많이 보는 것 같다. 그래서 나는 찡그리는 얼굴 대신 웃는 엄마 얼굴을 보여주기 위해, 운동도 하고 명상도 하고 스트레스를 풀기 위해 또 무진 애를 쓴다. 가장 가까운 가족에게 힘들다고 말하는 것이 뭐가 그리 어려웠을까….

평소에 힘들고 찌든 표정으로 늘 살다 보니, 아이는 아이대로 눈치를 보며, "엄마는 늘 참고 사시나 보다. 우리 엄마는 인내심이 크고 강한 엄마구나."라고 생각한 것 같다. 그러다 내가 언젠가 이렇게 얘기를 했다.

"엄마가 참 힘들구나. 다 내려놓고 쉬고 싶은데 그럴 수도 없고……. 참 힘드네. 엄마는 어떡하면 좋을까?"

그랬더니 아이가 대답하기를,

"엄마, 엄마가 그렇게 힘들면 그냥 쉬어. 난 괜찮아. 그런데 우리 이제 뭐 먹고 살지?"

이러는 거다. 어린아이가 참 내, 엄마 걱정해주는 줄 알았더니, 결국 먹고 살 걱정부터 하는 것이었다. 물론 엄마를 위로해주려고 농담을 한 거겠지만, 속으로는 "엄마는 강한 사람이라 절대 우리를 위해 포기하지 않으실 거야."라고 생각했을 거다.

심지어는, 내가 언젠가 모처럼 좋은 일이 생겼을 때의 일이다. 내가 밝은 표정으로 깔깔대며 웃고 기뻐했더니, 아이가 평소의 엄마 같지 않다며 나의 밝고 환한 모습에 적응이 안 된다고 말하는 것이 아닌가. 그 순간, 나는 아차! 하고 놀라고 말았다. 내가 평소에 얼마나 어두운 표정으로 오래 살았으면, 아이들이 그렇게 적응 못할 정도로 어두운 엄마 얼굴에 익숙해져버렸을까 싶었다. 또한, 이 엄마도 한 인간으로서, 행복도 느끼고 웃을 줄도 안다는 것을 아이가 몰라준 것에 대한 섭섭함도 교차했다. 평소에 괜찮다, 괜찮다 했더니 진짜로 다 괜찮은 줄 알았나보다. 그래 이건 다 내 잘못이다. 그 이후로 이제 아이도 어느 정도 컸고, 나도 이제 속마음을 감추는 것이 도움이 안 된다는 사실을 깨달았기에, 이제는 뭐든지 솔직하게 말하려고 노력하고 있다. 그렇게 말 하고나니 나도 속이 후련해지고 스트레스도 덜 받는 것 같다. 또 무엇보다 좋은 건, 전보다 아이와 더 가까워지는 것 같고, 아이도 나에게 더 솔직해지는 것 같아서 너무너무 좋다. 집안 분위기도 더 화목해지고, 가족들이 서로 더 아끼고 도와주고 싶은 마음이 생기는 것 같아 참 고맙기도 하다.

속에 있는 말을 너무 안 해도 문제지만, 반대로 처음부터 너무 솔직해서 탈인 경우도 종종 있다. 아는 지인이 다른 사람을 데려와 식사 자리를 함께 한 적이 있었다. 밥을 먹으면서 이런 저런 얘기를 하다 보니, 초면인데도 서로 말도 잘 통하고 성격도 호탕한 것 같아, 분위기가 금방 편하게 흘러갔다. 그러다 나도 모르게 내 속에 있는 얘기도 하게 되고, 약간 부끄러운 얘기도 하면서, 위로나 조언을 받고 싶은 생각마저 들었다.

즐거운 시간을 보내고 나서 집에 와서 생각해보니, 아까 내가 초면에 내 얘기를 너무 많이 했나 조금은 후회스러운 생각이 들었다. 그렇지만 성격 좋은 사람이니 다 이해해주겠지 싶은 생각으로 스스로 위안했다. 그러나 며칠 뒤, 그 사람을 데리고 왔던 내 지인이 나한테 지적을 하는 것이었다. 초면에 그렇게 너무 솔직하게 다 얘기하면 안 된다고, 사람 조심하라고 말이다. 이유를 물어보니, 그렇게 처음부터 속마음을 다 얘기하면, 사람들이 나를 우습게 보고 만만하게 생각할 수 있다고 했다. 그 순간 나는 내가 어리석은 실수를 했나 싶어서 후회도 되고 자존심도 상했다. 다시는 같은 실수를 하지 말아야겠다고 다짐을 했지만, 그 이후에도 몇 번 비슷한 일을 반복하고는 집에 와서 후회하고 혼자서 상처받기도 했다. 나는 도대체 왜 이러는 걸까?

내가 착하고 정직한 성격이라, 상대도 나와 같이 착하고 선한 사람이라고 생각한 것이 아닐까? 그렇지만 현실은 그렇지 않다는 것을 깨달아야 한다. 그것은 어디까지나 내 착각이고, 모든 사람들은 자기 위주로 생각하고 해석한다는 것을 늘 직시해야 한다. 따라서 처음 만난 사람에게 내 마음을 다 보여줄 필요가 없다. 내가 보인 순진함을 뒤에서 험담하거나 약점으로 잡히는 경우도 적지 않기 때문이다. 슬픈 현실이지만, 사람들은 순진하고 착한 사람을 무시하는 경향이 있다. 반대로 처음에 상대방에게 까칠한 면이 조금이라도 보이면 오히려 조심스럽게 대한다. 최소한, 사회를 살면서 혹시 만나게 될지 모를 나쁜 사람에게 당하지 않으려면, 나 자신을 지키기 위해서라도 초면에는 말조심을 하는 것이 좋다. 어떻게 할지 모르겠으면, 차라리 입을 다물고 미소만 짓고 있길 바란다. 세상 참 살기 어렵다.

우리 착한 사람들은, 솔직하게 말하기도 힘들고, 말을 가리기도 힘들다. 세상 참, 말하고 사는 것도 왜 이리 힘든 것인지 모르겠다. 제발 좀 착하게 살려고 하지를 말자. 화목하고 완벽한 가정을 만들겠다고 내 속마음을 속이는 일도 더 이상 하지 말고, 가족도 아닌 타인이 내 말을 다 이해해줄 거라고 착각하지도 말자. 제발, 말 하고나서 후회하지 말고 때론 도도하게 굴기도 하고, 아님 반대로 할 말이 있으면 세게 투정도 부려보자. 그리고 용기를 내어 시도해보자. 다른 사람들처럼 때론 속마음을 감추며 가면도 써보고, 약간은 이기적으로 나 위주로 생각해보라. 나라고 못할 게 무엇이 있으랴.

05

잘하려고 하다가 상처만 받는 나

나는 내 가족을 사랑한다. 특히 내 아이를 끔찍이도 사랑한다. 그래서 평소에 내가 늘 신경 쓰고 있는 관심사는 가족에 관한 것이 90% 이상이다. 그런데 내가 다른 사람들에 비해 어느 정도인지는 모르겠다. 내가 지금까지 살아오면서, 서울, 경기 지역의 다른 엄마들을 몇 명 관찰한 바에의하면, 나는 그들에게 한참 못 미치는 직장맘인 것 같다. 그런데 주위에있는 몇몇 사람들로부터, 다른 엄마들보다 엄청 꼼꼼하게 아이를 잘 챙기는 엄마라는 소리를 들은 적도 있다. 뭐가 맞는지는 모르겠지만, 아이를 키우는 것은 고달픈 게 사실이다. 그러나 나는 지금까지 20년 넘게 꾸역꾸역 인내하며 아이를 키우고 있다.

나는 그동안 일과 육아를 모두 완벽하게 하려고 애쓰며 살아왔다. 그런데 해본 사람은 알겠지만, 이건 진짜 너무나 힘든 일이다. 내 몸과 마음을 갈아 넣고 살신성인하는 각오로 살아야 할 수 있는 일이다. 나는 그렇게 살았다. 내 몸을 갈아 넣어 일하면서 아픈 큰딸을 키웠고, 작은 딸도 멋지게 키우기 위해 노력했다. 친정엄마가 힘들게 육남매를 키우셨듯이, 나도 열심히 인내하며 아이를 키웠다.

하나부터 열까지 다 챙겨주고, 때론 엄하게 가르치기도 하고, 때론 친절한 친구처럼 말 한마디 할 때도 조심하고 살아왔다. 정말이지 뭐 하나 놓칠세라 꼼꼼하게 다 챙기느라고 항상 긴장하며 살아왔다. 그러다 결국 번아웃(Burn-out)이 오고야 말았다. 나가떨어진 것이다. 이것 또한 겪어본 자만이 알 것이다. 정말이지 아무것도 할 수 없고 반드시 누워서 쉬어야만 하는 병이다.

나는 왜 그토록 몸을 혹사시켜가며 잘하려고 애썼을까? 친정엄마에게서 물려받은 과도한 희생정신인가? 아니면 착한 완벽주의 콤플렉스인가? 나는 어렸을 때, 다른 엄마들도 우리 엄마와 똑같이 자식들을 위해 희생적이고 인내하며 열심히 사는 줄 알았다. 그런데 성인이 되고 나서 보니, 모든 엄마가 우리 엄마와 같지 않다는 걸 깨달았다. 그래서 우리 엄마가 매우 존경스러웠고, 이토록 대단하신 분이 우리 엄마라서 뿌듯하고 감사했다. 그런데 내가 아이를 낳고 나서, 나 자신도 우리 엄마처럼 똑같이 아이를 키우고 있을 줄이야…… 우리 엄마가 그랬던 것처럼,

나도 내 아이를 그렇게 모든 걸 다 챙기며 꼼꼼하고 완벽하게 키우고 있었다.

번아웃이 되고 경영하던 병원을 접은 후, 나는 한동안 휴식과 함께 운동, 명상, 여행을 하며 지내는 때가 있었다. 그렇게 몇 개월 동안 집에서 빈둥거리고 있는데, 하루는 아이가 이런 질문을 했다.

"엄마가 낮에도 밖에 안 나가고 집에서 뒹굴뒹굴하며 지내니까 참 이상해요."

"엄마가 너무 힘들고 건강이 나빠져서 병원을 접었어. 당분간 집에서 쉬어야 해. 엄마가 평생 이렇게 쉰 적이 없었는데, 막상 집에서 빈둥거리며 노니까 진짜 좋구나! 하하하!"

"엄마 이렇게 일 안해도 되는 거야? 그럼, 우리는 뭐 먹고 살아요? 음…, 뭐 라면 먹으면 되겠다. 그런데 또 언제부터 일하는 거예요?"

정말 어이가 없었다. 엄마가 오죽 힘들었으면 이러고 있을까. 엄마 걱정은 못할망정 먹고 살 걱정부터 하다니…. 엄마는 돈 버는 사람이고, 자기들 뒷바라지하는 사람이라 당장 먹을 것이 걱정인가 보다. 엄마가 집에서 빈둥거리고 웃으면서 지내는 게 그렇게 어색했니? 나는 그러면 안 되는 거니? 조금은 서러웠다. 자식 키워봤자 다 소용없다. 아이들이, 엄마는 항상 강한 사람이고, 부모로서 책임감을 가지고 늘 참고 인내하고만 사는 사람인줄 알았나보다. 얘들아! 엄마도 사람이라고! 힘들면 쉬고 싶고, 즐겁게 웃으며 살고 싶다고! 흑흑흑……

나는 사회생활을 하면서, 거절을 잘 못하고, 화가 나는 상황에서도 쉽게 표현하지 못하고 참는 스타일인 것 같다. 단순히 참는 것을 넘어, 모든 사람이 이롭게 되라는 '홍익인간의 정신'을 가지고 있는 듯하다. 참 쓸데없는 사상을 가지고 있는 것이다. 누이 좋고 매부 좋고, 이왕이면 나도 좋고 너도 좋은 그런 거창한 이상주의 정신을 가지고 있는 나. 참 피곤한 성격이다.

이 사상이 얼마나 위험하냐면, 내가 화가 나는 상황에서 일단 참아주면서, 속으로는 '당신도 나중에 나한테 잘해 주겠지?' 하는 기대심리를 갖게 한다는 것이다. 그런데 이를 어째?! 상대방은 잘해주기는커녕, 나를 우습고 주관 없는 사람으로 보는 것을.

그리고 다툼이 있을 때도 마찬가지로 위험할 수 있다. 상대방 때문에 내가 기분 나쁘고 화를 내야 할 상황인데도, 나는 상대방이 그렇게 한 이유를 기어이 알아내려고 노력한다. 그렇게 이유를 알아내고 나면, 금방 이해하려 들고, 이해하고 나니 또 금방 화를 내지 않게 된다. 처음에는 내가 엄청 쿨한 성격인 줄 알았다. 이해심이 많고 너그러운 사람인 줄 알았다. 심지어 이렇게 성격 좋은(?) 나를 상대방이 존중해줄 줄 알았다. 그런데 나중에 알고 보니, 나는 그야말로 바보 중에 바보였다. 나는 스스로 심각한 오류에 빠지고 말았으며, 화 한번 제대로 낼 줄 모르는 꿀 먹은 벙어리가 되어버린 셈이었다. 심지어는, 이렇게 혼자 쉽게 이해하고 넘어가려는 나의 태도에, 상대방이 황당해하는 경우도 있었다. 나는 왜 그렇게 모든 사람들에게 잘해주려고 하는 걸까? 나는 왜 그렇게 모든 사람들이 평화롭게 잘 지내기를 원하는 걸까? 내가 무슨 정의로운 의리파, 평화주의 사회운동가라도 된단 말인가?

나는 상대방이 나를 화나게 했을 때, 이 상황을 빨리 벗어나고 싶어 하는 것 같다. 가급적 서로 사이좋게 지내는 방향으로 가기 위해, 신속하고 완벽하게 해결하고자 했을 것이다. 왜냐하면, 상대방이 나를 화나게 한 것은 매우 불편한 상황이고, 내가 그에게 화를 내야 하는 그 자체도 나에게는 큰 불안감으로 다가오기 때문이다. 그리고 나는 그 불안함을 빨리 없애기 위해, 신속하게 상황 파악을 하고, 서로 좋은 방향으로 마무리 짓고 싶어 했을 것이다. 그러면서 맘속으로, '나는 선함을 추구하고 서로 사이좋게 지내고 싶으니, 상대방도 그렇게 생각하고 노력하리라.' 하고 착각했을 것이다. 이 얼마나 실없는 생각인가.
　더 위험한 것은 또 있다. 상황이 이렇게 된 이상, 옥신각신 다투더라도 함께 합의점을 찾아 가는 게 옳을 것이다. 그런데, 내가 서둘러 상대방의 화난 이유를 찾아 마무리 하는 바람에, 흐름이 끊겨 제대로 된 결론에서 멀어지게 될 수도 있다. 이렇게 되면 상대는 황당해 할 수밖에 없다.

만약, 반대로 내가 먼저 시작해서 다툼이 일어날 경우도 있을 것이다. 그런데 이때도, 상대방 생각은 고려하지 않고, 나 혼자 화난 이유를 찾아서 스스로 빨리 풀어버리면 어떻게 될까? 상대방은, 누구 약 올리나 하는 생각에, 더욱 화가 커지는 상황이 벌어질 것이다. 아! 이를 어쩐단 말인가.

세계적인 베스트셀러 작가, 알랭 드 보통의 유명한 명언이 있다.

"우리를 정말로 힘들게 하는 것은 한 가지 큰 일이 아니라, 남들을 실망시킬까 두려워 거부하지 못하는 수천 개의 작은 의무들이다."

이 문장은, 선하고 부지런한 완벽주의자들이 힘들게 세상을 살아가는 모습을 딱 맞게 표현하고 있다. 나에게 주어진 의무와 책임들을 완벽하게 해내려고, 몸 사리지 않고 애쓰는 모습들. 그리고 모든 사람들과 평화롭게(?) 잘 지내기 위한 쓸데없는 오지랖. 상대방의 공격에 받아쳐야 하는 상황에서도, 어떻게 해서든 이유를 찾아 상대방을 이해하려는 과한 너그러움. 이 모든 행태들은, 잘하려고 했다가 결국 상처받는 방향으로 치닫는 꼴이 될 것이다.

참으로 어리석은 일이다. 제발 이렇게 좀 살지를 말자. 쓸데없는 데 에너지 낭비하지 말고, 그냥 내가 하고 싶은 대로 살면 안 될까? 좀 이기적으로 내가 힘들면 쉬고, 이건 좀 아니다 싶으면 거절할 줄도 알아야 한다. 또한 내가 진짜 부당한 대우를 받고 받아쳐야 할 때는, 인정사정없이 내 생각을 강력하게 주장하며 쌈닭처럼 치고 박고 싸워보기라도 해야 한다. 인생 별것 있나? 나 자신을 먼저 생각하자. 이제 그만 애쓰고, 그만 눈치 보고, 그딴 홍익인간의 정신도 당장 버리자. 조금은 이기적이어도, 내가 그렇게 잘하지 않아도 세상은 잘만 돌아가니까 말이다.

06

상처받을 바엔 까칠한 게 낫다

"행복해지려면 미움 받을 용기도 있어야 한다. 그런 용기가 생겼을 때 인간관계는 한순간에 달라진다."

이 글귀는, 그 유명한 기시미 이치로 저서, 『미움 받을 용기』에 나오는 알프레드 아들러의 말이다. 다시 말해, 우리는 타인의 기대를 만족시키기 위해 살 필요가 없다는 뜻이다. 늘 타인을 배려하며 살다 보면, 답답하고 울적할 때가 있지 않은가? 생각하지도 못한 상대의 강요에 당황해서, 어찌할 바를 몰라 애만 태울 때가 있지 않은가?

몇 해 전 내가 경영하던 병원을 접은 후, 다른 병원에서 봉직의로 종사하던 때의 일이다. 나는 의욕적으로 일하며, 새 병원에 빨리 적응하기 위해 노력하고 있었다. 그런데 대표 원장님이 처음 계약 내용과 달리, 새로운 일을 자꾸만 시키는 것이었다. 병원 홍보를 위해 영상물을 찍을 테니 협조해달라고 한 적도 있고, 다른 지점의 병원에 파견 근무를 나가달라는 요청도 있었다. 나는 내 병원도 아닌데 얼굴 팔려가며 홍보 영상을 찍기도 싫었고, 계약한 병원이 아닌 다른 지점의 병원에 일하러 가기도 싫었다. 물론 이런 요청들은 계약서에는 명시되어 있지 않았다.

그래도 같은 의사끼리인데 배려해드려야겠다는 생각이 들었다. 나도 병원 경영을 해보았으니, 도와드리고 싶은 마음도 들었다. 그래서 몇 번 대표 원장님의 요구를 들어주었다. 그런데 그 뒤로도 계약서 외의 요구가 계속되었다. 나는 점점 화가 나기도 하고, 당황스럽기도 했다. 거부 의사를 밝힐 용기가 선뜻 나지 않아, 답답하게 애만 태울 때가 많았다.

그렇게 지내다, 도저히 안 되겠다 싶었다. 나는 용기를 내어 대표 원장님에게 솔직한 내 마음을 말씀드렸다. 혹시나 나를 이기적인 사람으로 볼까 봐 걱정했는데, 원장님은 의외로 나를 쉽게 이해하고 받아주셨다. 내 마음을 속 시원히 드러내자, 원장님은 오히려 담담하게 수긍하고 다독여주기까지 했다. 지금 생각하면 피식 웃음이 나지만, 그때 그렇게 말하기까지 혼자 갈등하느라 나름 힘들었던 기억이 난다.

나는 왜 그리도 용기가 나지 않았을까? 그렇게 혼자 끙끙대며 힘들어

했던 이유는, 아마도 '나는 착한 사람이어야만 해.'라고 속삭이는 내 내면의 목소리 때문이었을 것이다. 남을 먼저 생각하고 도와주는, 착한 아이로 인정받으려는 욕구가 강했던 탓이리라. 설사 그게 나에게 고통이 되어 돌아오더라도 그것을 감내하는, 착한 아이 콤플렉스가 있었던 탓이다. 하지만 그렇게 계속 일방적으로 양보하고 참기만 하면, 심한 경우 상대에게 내 권리를 침범해도 된다는 사인을 주는 격이 될 수도 있다.

진료하다 보면, 은근히 나를 무시하는 환자들이 가끔 있다. 특히 내가 30대였을 때, 내 외모가 다소 어려 보였는지, 중년의 환자들이 못 미더워하는 표정으로 괜히 이것저것 떠보기도 하고, 예의 없는 태도를 보일 때가 종종 있었다. 심지어는 "아이고, 원장이 너무 어려 보이는데, 치료 제대로 하는 것 맞아요?"라고 물어보는 환자도 있었다. 아무리 환자라지만, 정말 어이가 없었다. 속이 부글부글 끓어올라도 할 수 없이 몇 번은 참아 넘겼다.

그런데 그런 일이 자주 발생하자, 자존심도 상하고 점점 참기가 힘들어졌다. 내 병원 문턱을 넘고 들어온 환자인 만큼 친절하게 대해야 옳은데, 서로 마음 상하지 않고 슬기롭게 대처할 말이 생각나지 않아 너무너무 힘들었다. 결국, 더는 참을 수가 없어, 병원 수입을 떠나 할 말은 해야겠다 싶어 용기를 내보았다. 그 후 또 그런 일에 맞닥뜨렸을 때, 나는 살짝 미소 지으며 이렇게 말했다.

"저는 모든 환자분을 최선을 다해 진료합니다. 그래도 못 미더우시면 다른 병원으로 가셔도 상관없습니다."

내가 이렇게 말하고 나서자, 환자들은 슬쩍 놀라는 눈치를 보였지만, 오히려 다른 병원으로 쉽게 갈아타지는 않았다. 당당하고 자신 있게 말하는 나를 일단 믿고 치료를 맡겨보자 하는 생각이었던 것 같다. 나는 또 한 번 경험했던 셈이다. 알프레드 아들러의 말처럼, 용기를 냈더니 인간관계가 한순간에 달라졌다는 것을. 상처받을 바엔, 까칠하게 굴어서 미움 받는 편이 더 낫다는 것을. 사실 그 미움도 잠깐이지, 결국 행복한 인간관계로 발전할 수 있다는 것을 깨달았다. 내 자존심을 지키면서 치료 결과로 증명하면, 그 환자는 평생 내 환자가 되는 것이다.

무조건 다른 사람을 배려하는 것이 과연 진정한 선일까? 자신이 손해를 보더라도 참고 견디기만 한다면, 과연 상대방이 나를 이해해주고 감동할까? 그건 착각일 것이다. 오히려 그 사람은 점점 더 나를 만만하게 보다가, 급기야 한계선을 넘을 가능성이 크다.

병원도 서비스 업종 중 하나다. 의사는 육체적, 정신적 노동을 동시에 하는 고된 직업이다. 미용실, 식당, 카페 등도 서비스 업종들이다. 불특정 다수를 대상으로 하는 이런 서비스업의 종사자들은, 고객을 상대하며 받는 스트레스가 엄청나다. 일이 고된 것보다는, 진상 고객들의 무시나 선을 넘는 부당한 대우가 그들을 더 힘들게 한다.

점점 각박해지는 세상이라, 갈수록 이런 현상들이 늘어만 간다. 그러나 서비스를 제공하고 그 대가를 받아야 하니, 참고 견디며 감내해야 하는 일이 비일비재하다. 마음은 'No'를 하고 싶은데, 겉으로는 'Yes'를 해야 하는 상황이 많다. 그러다 보니 심각한 우울증에 걸리기도 한다.

그러나 이젠 참지 말고 깐깐하게 굴어보자. 내 자존심을 지키고, 내 권리를 지키자는 것이다. 나와 끝까지 함께 갈 상대라면, 내가 당당하게 맞설 때 그런 나를 이해해줄 것이다. 나의 거절에 빈정 상해하거나 화를 내는 사람이라면, 관계를 끊어도 된다.

요즘 각종 서비스업에 종사하는 사람들은, 더는 참지 않고 진상 고객에게 할 말 다 하는 모습을 보이기도 한다. 인터넷에 자주 올라오는 그런 사연들을 보면, 정말 통쾌하고 맞장구쳐주고 싶다. 여기에 유머가 섞이면 더욱 인간적으로 느껴진다.

이렇게 요즘 착한 사람들이 당당한 모습으로 변해가는 이유는, 당장 '눈앞의 이익'보다는, 내 자존감이 상처받지 않도록 보호하는 것이 더 중요함을 깨달았기 때문일 것이다. 내 자존감을 내가 지켜야지, 그 누가 지켜주겠는가. 타인에게 인정받는다고 내 자존감이 높아지는 것은 아니다. 그 누구보다 내가 나를 사랑하고 챙겨야, 내 자존감도 높아질 것이다.

상대가 남의 집 귀한 자식이면, 나도 우리 집 귀한 자식이다. 나 스스로 '난 소중한 존재야. 그러니 선을 넘지 마세요!'라고 외칠 줄 알면, 다른 사람도 나를 존중해줄 것이다. 모두와 잘 지낼 수는 없다. 1순위는 무조건 나 자신이어야 한다.

한결같이 친절하게 대해주다 보면, 상대방이 나를 점점 만만하게 보는 기미가 느껴질 때가 있다. 가족 안에서나 사회에서, 또는 남녀 사이에서도 흔히 경험할 수 있는 일이다. 그게 아니리라 생각하면서도 슬슬 기분이 나빠지는 건 어쩔 수 없다.

이때, 조금이라도 이익을 얻으려고 꾹 참는 경우가 있다. 가족이나 연인의 사랑을 얻기 위해, 거래처와의 일이 잘 풀리도록 하려고, 고객으로부터 대가를 받기 위해서 말이다. 그러나 단언컨대, 상대방이 나를 만만하게 보는 것 자체가 잘못이라고 생각한다. 내가 친절한 것은, 내가 못나서도 아니고 나에게 불리해서도 아니기 때문이다.

만약 거래처나 연인 중에 이런 사람이 있다면, 가차 없이 연락처와 만남을 차단하는 게 좋다. 그 사람의 인간 됨됨이를 보려면, 처음에 아주 친절하게 잘해주라는 말도 있지 않던가. 그때 만약 내가 보인 친절에 보답하려는 자세를 보이는 사람이라면, 관계를 지속해도 무방할 것이다.

모든 사람이 나와 똑같이 생각하는 것은 아닐 것이다. 내가 보인 배려에 고마워할 수도 있고, 아예 신경을 쓰지 않는 사람도 있다는 것을 인정해야 한다. 그러나 최소한, 나의 배려와 착함을 담보로, 무리한 요구를 하거나 무시하는 사람이 있다면, 확실하고 단호하게 거부 의사를 표현해야 한다. 그래야, 상처받지 않고 나 자신을 단단하게 지킬 수 있기 때문이다. 이왕 기분이 나쁠 거라면, 주저하는 대신 상대에게 한번 까칠한 모습을 보여주는 건 어떨까.

07

단호하고 우아하게 거절하기

어느 날, 오랜만에 고교동창 친구로부터 갑자기 전화가 왔다. 고등학교 졸업 후 대학 시절 간간이 연락하고 지내다가, 그 뒤로 한 번도 연락한 적이 없는 친구였다. 너무 오랜만에 연락이 온 터라, 우선 안부 인사부터 했다. 그러나 그가 연락한 이유는 다름 아닌 돈을 빌리기 위해서였다. 20년 넘게 소식이 없다가 이렇게 뜬금없이 연락 온 것을 보니, 오죽급하고 절박했으면 그랬을까 싶었다. 그 친구는 좀 민망해하면서, 단 몇백만 원 정도면 된다고 했다. 그러나 안타깝게도 그때 당시 나는, 막 세무 조사가 끝나고 빚을 많이 진 상태였다. 게다가 정신적으로도 너무나 힘든 때라, 도저히 몇 백만 원도 빌려줄 여유가 없었다.

"미안하지만, 내가 지금 상황이 안 좋아서 네 부탁을 들어줄 수가 없을 것 같아. 나도 근래에 세무 조사도 당했고, 혼자 돈 벌어 애들 키우느라 힘들어서 도저히 빌려줄 돈이 없구나. 내가 예전처럼 병원 경영을 하면서 돈을 많이 벌고 있었으면 받을 생각 안 하고서라도 보내줬을 텐데…. 미안하다, 친구야."

풀 죽은 친구의 답을 끝으로 통화를 끝냈지만, 마음이 매우 씁쓸했다. 그리고 그 뒤로 그 여파가 좀 길게 갔던 것 같다. 아마도 여기저기 부탁을 하다가 거절을 당했거나, 빌려야 되는 금액이 생각보다 많았을 수도 있다. 그러니, 얼마나 절박했으면 이렇게 오랜만에 나한테까지 연락을 했을까. 나는 친구가 측은한 마음이 들었고, 도와주지 못해 미안한 마음도 강하게 밀려왔다. 그리고, 내가 지금 몇 백만 원 도와주지 못할 정도로 빈털터리가 되었나 싶어서 우울하기도 했다. 그런데 사람이 참, 그때그때 행동이 달라지는 건 어쩔 수 없는가 보다. 내가 극도로 절박하니 그냥 거절이 절로 나온다. 평소에는 거절을 못 해서 절절맸었는데 말이다.

사실 내가 저렇게 곧바로 거절하는 순간에, 나는 심장이 너무나 빨리 뛰고 목소리도 떨리고 있었다. 왜냐하면 나는 아직 좋은 말로 거절하는 것에 익숙하지 않기 때문이었다. 따라서 저렇게 답할 수 있었던 나 자신에게 조금은 놀라운 생각마저 들었다. 다른 사람은 이러한 경우에 거절하는 것이 별로 어려운 일이 아닐 것이다. 하지만, 평소에 남에게 쓴 소리 한 번 하기 힘들어하는 나로서는, 그렇게 바로 좋게 거절할 수 있었다는 것은 참 대단한 일이었다.

예전과 달리 겁내지 않고, 부드럽고 단호하게 거절을 잘 해서 참으로 다행이라는 생각이 들었다. 왜냐하면, 내가 하고 싶은 말을 잘 못하고 질질 끌었다가 맘고생을 한 경험이 많이 있었기 때문이다. 수년 전에 다른 친구가 나에게서 돈을 빌려 간 후, 약속한 날짜에 갚지 않고 질질 끄는 바람에, 나는 제대로 할 말도 못 하고 오랜 시간 동안 혼자 끙끙 앓고 지낸 적이 있었다. 혹시 내가 독촉을 하면 나를 나쁜 사람으로 생각할까, 친구 관계에 금이 갈까 두려웠다. 미루고 미루다 나중에 말을 하게 되었는데, 독촉하는 게 미안해서 강하게 표현하지 못하고 두리뭉실하게 말을 해서 그런지 그 친구는 적반하장으로 나한테 너무한다는 둥, 오히려 짜증스럽게 말을 하는 것이었다. 나는 왜 그런 말을 단호하게 하지 못하고 오히려 미안해하는 걸까? 도대체 뭐가 두려운 걸까? 내가 미지근하게 대하는 바람에 오히려 해결이 늦어지고 서로 마음만 더 상하게 되지 않았던가.

약속을 어긴 누군가에게 독촉하는 말을 하는 건 당연한 일이고 내가 죄를 짓는 것이 아니라는 것을 알아야 한다. 그리고 내가 기분 나쁘다는 사실을 상대에게 확실하게 알려야, 상대방도 빨리 상황 파악을 하고 해결하고자 노력하게 된다. 이렇게 해야 일도 빨리 해결되고, 결국 그 사람과의 관계에도 큰 문제가 생기지 않는다는 것을, 나는 나중에야 몸소 깨달았다.

그 뒤로 가끔 이런 비슷한 경우가 있을 때, 단호하고 간결하게 그리고 시기를 놓치지 않고 빨리 말하고자 노력해오고 있다. 무척 가슴이 떨리고 심장이 두근거렸지만, 용기를 내어 일단 말을 내뱉고 나니, 그 뒤로 일이 더 잘 풀리는 경험을 하게 되었다. 그래서 이번에 고교 동창으로부터 부탁을 받았을 때, 당연히 내가 돈이 없기도 했지만(흑흑) 좋은 말로 간결하게 잘 거절할 수 있었던 것 같다. 친구의 딱한 사정이 너무 안 됐지만, 내 사정도 딱한데 어쩌란 말인가. 나의 평판을 걱정하거나 친구 관계를 걱정해봤자 아무 소용이 없을뿐더러, 실제로 그런 일이 생기지도 않는다는 것을 알아야 한다. 그럴 바엔, 속 시원히 말하고 스트레스 안 받는 착한 이기주의자가 되는 편이 낫다. 그리고 상대방이 나한테 실망을 좀 했거나, 관계가 조금 나빠져도 무슨 상관이란 말인가. "사람이 살다 보면 그런 일도 생기는 거지." 하고 내려놓는 연습을 해야 한다. 사람이 완벽하게만 살 수는 없으니까 말이다.

우리가 단호하게 거절해야 하는 경우는 또 있다. 미용 진료를 하다 보면, 소개로 오는 분들이 꽤 많다. 다 그런 건 아니지만, 그분들은 병원에서 좀 더 특별한 대우를 받기를 원한다. 그러다 보니 이것저것 공짜로 해달라고 은근히 조르는 사람도 있다. 심지어, "의사들은 돈 많이 벌잖아. 이런 건 공짜로 좀 해주면 어때?", "이런 건 약값도 얼마 안 할 텐데 그냥 공짜로 더 해주면 안 되요?" 하면서 배짱을 부리는 환자도 있었다.

당연히 지인 소개나, 단골 고객의 소개로 오시는 분들은 감사한 마음에 비용을 깎아드리거나, 시술을 덤으로 더 넣어드리기도 한다. 그런데 밑도 끝도 없이 대놓고 많이 바라는 사람들도 간혹 있다. 그러면 우리는 일단 스트레스를 받는다. 그러나 뒤에서 비난받을까 봐, 소개해주신 분 체면을 생각해서라도 울며 겨자 먹기로 원하는 것을 다 해주곤 한다. 이 것이 하나둘 쌓이면 손해가 쌓이기 마련이기 때문에, 열심히 일하다가 갑자기 기운이 쭉 빠지곤 한다. 내가 공짜로 끝없이 퍼주려고 그 어려운 공부를 해서 의사가 되었나 싶다.

현대 사회에는, 의사라고 하면 무조건적인 봉사 정신과 희생을 강요하는 잘못된 인식이 만연하다. 의료 수가가 너무 낮고 병원 문턱이 정말 낮은 것이 우리나라 의료의 현실이다. 세계적으로 이렇게 수준 높은 의료 서비스를 정말 쉽게 누릴 수 있는 나라는 우리나라밖에 없을 것이다. 제발 원컨대, 사람들이 이러한 좋은 우리나라 의료 환경에 대해 제대로 알고 고마워했으면 좋겠다. 의사들이 돈을 꼭 많이 벌고자 하는 것은 아니다. 우리 의사들은, 생각보다 고지식해서, 돈도 벌면 좋지만, 의사로서 열심히 일하고 있는 것을 인정받고 보람을 느끼고 싶어 한다. 자기 자식은 의대에 보내고 싶어 하면서, 의사들이 열심히 일하면서 돈 버는 것은 왜 색안경을 끼고 보는지 모르겠다. 환자들이 받는 의료 서비스는 하루아침에 이루어진 것이 아니다. 의사들이, 오랜 기간 동안 열심히 공부하고 수련한 끝에 가능해진 고급 서비스라는 것을 꼭 알아주었으면 좋겠다.

공짜로 이것저것 해달라는 환자는, 아마도 다른 물건을 살 때처럼 뭐 하나라도 더 얻기 위한 심리였을 것이다. 솔직히 이해는 간다. 그러나 궁극적으로, 환자와 의사가 상대방의 자존감을 다치지 않게 하면서, 서로 어느 정도 선은 지켜주면 좋을 것 같다. 백화점 같은 곳도 비슷한 일이 있을 것이다. 예를 들어, 값을 터무니없이 깎아달라고 한다거나, 규정에 어긋난 환불을 요구한다든지 하는 것들 말이다.

진료 현장이나, 백화점 같은 곳에서 이런 일이 있을 때, 그들에게 어떻게 대처해야 할까? 착하고 순한 사람들은 우선 거절하는 것 자체가 힘들어서 상대방의 요구를 거의 들어줄 때가 많을 것이다. 그러나 그러면 안 된다. 나는 잘못이 없는데다가, 끝까지 손해만 보며 살 수는 없는 노릇이다. 따라서 떳떳하고 당당하게 내 권리를 주장하며 거절할 줄 아는 착한 이기주의자의 모습을 보여주어야 한다. 그렇다고 감정을 앞세워, "너무 하시네요. 저는 공짜로 퍼주는 사람 아닙니다."라고 너무 솔직하게 대처해서도 안 된다. 차라리 그냥 사무적이고 원칙적으로 대하는 게 옳다. 나중으로 미루지도 말고 그 즉시 말해야 한다. 그리고 한결같은 표정과 목소리로, 점잖고 간단명료하게 말하는 것이 좋다.

"원하시는 것을 다 해드리면 좋겠는데, 사정상 그럴 수는 없을 것 같아요. 제가 해드릴 수 있는 것은 여기까지입니다."

이렇게 말이다. 당장은 서운하단 소리를 들어도 나중에 큰 문제가 되는 걸 방지하기 위해서는 이렇게 하는 것이 낫다. 내 편이 될 사람은 저렇게 말해도 내 옆에 있을 것이고, 아닐 사람은 알아서 떠나갈 것이다. 그런 것을 두려워해서는 안 된다. 왜냐하면, 언제나 나만 손해 볼 수는 없는 노릇이고, 억지로 끌려가봤자 나중에 그 사람과의 관계가 계속 좋게 유지되지 않을 수도 있기 때문이다.

어떤 부탁을 들어주기 힘들 때, 눈을 질끈 감고 용기를 내어 거절해보자. 처음이 어렵지 한두 번 하다 보면 점점 수월해진다. 말은 원칙적이고 간단명료할수록 좋다. 이제 우리도 단호하고 우아하게 거절 한번 해보자!

2장

당신의 착함에는
가시가 필요하다

01

모두와 잘 지낼 필요는 없다

영어에는 '눈치'라는 단어가 없다는 사실을 알고 있는가? 눈치라는 단어를 사전에 검색하면, wit, sense, notice와 같은 '뜻을 알아차리다'라는 긍정적인 의미의 단어들만 있을 뿐이다. '눈치 보다'라는 말로 검색을 해봐도, '살피다', '눈치 채다'와 같은 적극적 의미로 단어 두세 개 조합의 표현만 있을 뿐, 한 단어로 된 표현이 없다. 영어와 한국어는 왜 이런 차이가 있는 것일까?

지금은 없어진 지 오래되었지만, 옛날에는 초등학교 1학년에 입학하면 '바른 생활'이라는 교과서가 있었다. 학교에 처음 입학해서 처음 배우는 것이 바로 '착하고 바르게 살자'는 것이다. 어른을 공경하며, 이웃이나 친구들과 싸우지 말고 사이좋게 살라는 것이다. 이렇게 하는 것이 당연하고 그렇지 않으면 나쁜 사람이 되는 것이라고 우리는 어린 시절부터 '세뇌 교육'을 받은 셈이다. 바른 생활 과목에서 배운 대로 하려면, 자신의 감정보다는 타인의 생각과 감정에 주의를 기울여야 한다. 자신의 자존감이나 개성을 내세우기보다는 자신을 낮추라는 얘기다.

영어에 '눈치'라는 단어가 없듯이, 서구 사회는 개인의 개성과 자율성을 중시하여, '너는 너고 나는 나다.'라는 상호 간의 개별성이 존중되는 사회다. 반면, 우리나라는 나 자신보다는 타인의 감정이 중요하고 싸우지 않고 잘 지내야 하므로, 겸손과 배려의 미덕을 강조하는 관계 지향적인 사회다. 이처럼 우리나라는 사람과 관계 맺는 법에 대하여, 어린 시절부터 고도의 눈치와 겸손을 강요하는 교육을 받으며 자란다. 그렇기 때문에 사람과 사람 사이의 '경계'가 모호한 것이 바로 우리나라 사회의 특징이다.

그런데 착하고 바른 사람들은 이 '경계'가 더욱더 모호하다. 무언가를 결정할 때도 내 생각, 내 감정보다는 타인의 감정에 더 눈치를 보고 염려한다. 이렇게 다른 사람 감정만 배려하느라 내 감정은 뒷전이고 참기만 하는 힘든 삶을 살아가는 것이다.

"내가 이렇게 하면 저 사람이 어떻게 생각할까?"

"그럴 바엔 내가 참는 게 낫지 뭐."

"내가 좀 손해를 보더라도 저 사람 말을 들어주는 게 낫겠어."

"화가 나지만 싸우게 되면 서로 상처받고 힘드니까 차라리 내가 참아야지."

이 말들을 가만히 들어보면, 생각하는 초점이 나 자신이 아닌 타인이라는 것을 알 수 있다. 내 감정에 솔직하게 반응하지 못하고, 타인과의 관계가 우선인 것이다. 우리는 오랫동안 이렇게 세뇌된 채로 살아가고 있을지 모른다. 여기서 헤어 나오려면 이런 사실을 먼저 똑바로 바라볼 줄 알아야 한다. 문제는 나와 타인의 경계가 모호해서, 사사건건 나 자신보다는 타인을 고려한 삶을 살고 있다는 것이다. 그런데 생각해보라. 내가 다른 사람 모두와 다 잘 지낼 필요가 있는가? 내가 모두에게 잘한다고 해서 크게 이득 볼 일이 있는가? 혹시 손해가 더 크지는 않은가 말이다.

나는 지방 소도시에서 엘리트인 부모님 슬하 1남 5녀의 넷째 딸로 자랐다. 우리 형제들은 장남인 오빠를 선두(?)로 모두 공부를 잘했다. 능력 많고 헌신적인 부모님에, 형제가 많은 집에서 모두들 공부를 잘했으니 그 작은 지역에서 당연히 주목을 받았다. 그렇게 우리 집안은 자연스레 타의 모범이 되어갔다. 나는 오빠와 언니들이 다들 공부를 잘해서인지 나도 얼떨결에 공부를 열심히 했던 것 같다. 성격도 밝아서 친구들에게 인기도 많았다. 그러나 의과 대학 졸업 후 곧바로 결혼하고 아이를 낳아 키우며 동시에 일도 하면서 허겁지겁 바쁘고 힘들게 살게 되었다.

　나는 어려서부터 쭉 그래왔듯이, 나에게 주어진 일을 완벽하게 해내려고 인내하고 노력하며 살아왔다. 타의 모범이 되는 삶을 살아왔고 계속 그렇게 살아야 했기에, 나는 남들에게 피해를 주지 않으면서, 아무리 힘든 일이라도 묵묵하게 참고 끝까지 해내려 애써왔다. 그러다 보니, 어느 순간 결국 지쳐 나가떨어지게 되었다. 그리고 문득, 내가 그동안 잘 산 게 맞나 싶은 생각이 들었다.

　사회 경험, 사람 경험이 너무나도 없어서인지 모르겠지만, 사람 말을 쉽게 믿고 거절하기가 어려워 몇 번 사기를 당하기도 했다. 병원의 환자나 사회에서 만난 사람들을 대할 때 어려움도 적지 않았다. 나의 순수한 생각과 대화법에 나 스스로가 답답한 적도 많고, 그들이 나를 답답해한 적도 많다. 좋게 말해서 '천진난만하다.', '순수하다.'라고 표현해주는 것이지, 속으로는 '참 바보 같다. 저래서 어떻게 세상을 살아갈까.' 하고 비웃었을 것이다. 나이가 들면서 의사로서 연륜과 실력은 쌓였지만, 아직도 해맑은(?) 모습에 사람들이 나를 어떻게 생각할까 눈치를 볼 때가 많다. 약간은 자존감도 내려가는 것 같고 진짜 내 모습이 아닌 가식적으로 행동할 때도 있다.

　세상에는 나 같은 순수하고 착한 쪽(?)에 속한 사람을 안 좋게 보거나 이용하려는 사람들이 많다. 나는 병원 환자로부터 무시당한 적도 많고,

금전적인 손해를 입고 사기를 당한 적도 있다. 그럴 때마다 심한 자괴감이 들고 어떻게 해야 될까 싶어 스트레스를 많이 받았다. 늦었지만 이제라도 경험하고 공부해서 극복하려고 무진 애를 썼다. 여러 번 큰 일(?)도 당하고 조금은 요령을 터득해서 이젠 살기가 좀 나아졌지만, 그래도 천성은 바뀌기가 참 어려운 것 같다.

세상에는 나처럼 순수하고 착해서 갈팡질팡하며 사는 사람이 적지 않다. 연예인들도 예외가 아니다. 사회 공인으로서 주로 강한 모습만 보이지만, 사실 그들도 애로사항이 많을 것이다. 겉모습이 좋아 보여야 하는 직업이니 더 할 것이다. 그러나 그들도 우리와 똑같은 사람이고, 그 중에 착하고 선한 사람도 얼마든지 있을 것이다. 대중 앞에 노출된 삶을 살기에 불특정 다수의 사람들로부터 이런 저런 평가를 듣게 될 것이다. 어떻게 보면 착하고 순수한 사람은 누군가의 말에 쉽게 상처받고 흔들리기 십상일 텐데 어떻게 연예인이라는 직업을 할 수 있을까 싶다.

가끔 연예인들 중에 악성 댓글에 시달리다가 자살한 사건을 접할 때가 있다. 가수, 배우 할 것 없이 대중의 악성 댓글을 못 견뎌 결국 극단적 선택을 한 사람들이 있다. 그 속을 자세히 알 수는 없지만, 얼마나 힘들었으면 가족과 팬들을 버리고 그런 선택을 했을까 싶다. 강심장인 사람들도 견디기 어려웠을 텐데 착하고 여린 사람들은 오죽할까.

SNS가 발달한 현 시대에, 인스타그램이나 페이스북, 개인 블로그에 무심코 올린 글로 인해 악성 댓글 테러를 당한 사람이 적지 않다. 그냥 개인적으로 행복하고 소소한 내용을 포스팅 했는데, 그것을 아니꼽게 보고 '작작 좀 해라.', '그래 너 잘났다.'라는 식의 비난의 댓글을 다는 사람들이 있다. 물론 이것은 명백히 비난한 사람들의 내면에 해결되지 않은 문제가 있을 확률이 높다. 그러나 어이없는 공격을 한 악플러의 잘못이라 해서, 그것만으로 아무렇지 않게 받아들일 수 있겠는가가 문제이다. 착하고 여린 사람은 힘들다. 그들의 한마디 한마디에 흔들리고 상처받기 쉽다.

우리는 극복해야 한다. 남의 말에 흔들리지 말고 타인의 생각과 감정에 매달리지도 말고, 모든 것을 나 자신의 감정 위주로 생각하는 착한 이기주의자가 되는 연습을 해야 한다. 그러기 위해서는 잘못된 습관에 대해 확실히 인식하는 것이 먼저다.

서양에서는 개인 한 명 한 명이 모두 특별하고 자율성을 존중해주기 때문에 남이 뭐라고 하든 스스로 당당할 수 있다. 도덕성만 지킨다면, 굳이 타인의 생각과 감정에 신경을 쓰지 않아도 되는 것이다. 우리도 남이 무슨 말을 하고 무슨 생각을 하든 내가 옳고 원하면 당당하게 표현해도 된다는 생각을 가져야 한다. 그 사람에게 피해가 갈까 두려워하지도 말고, 그 사람을 나보다 먼저 배려하려고 들지도 말자. 모든 사람에게 잘하려고 하다가 내가 손해를 본다면, 그것이 결국 내 영혼을 갉아먹을 수 있다는 것을 항상 기억하자. 조금은 이기적으로, 내가 이득이 되는 쪽으로 생각하고 행동해보자. 우리는 이렇게 하려고 해도 보통 사람보다는 이타적일 것이 뻔하니 조금은 그래도 된다.

내 지인, 환자, 거래처, 공인이라면 대중 등 그 모든 이에게 내가 꼭 칭찬만 받을 필요가 없음을 알아야 한다. 또한 내가 손해 볼 필요도 없으며, 내가 그들로 인해 기분이 나쁘면 곧바로 표현해야 한다. 그래야 내 영혼이 상처받지 않으며, 내 자존심을 지킬 수 있다.

　내가 한 말과 행동이 도덕을 크게 벗어난 것이 아니라면, 다른 사람이 뭐라고 반응하든 그것은 그 사람 몫이지 내 탓이 아니라고 생각해야 한다. 별 것 아닌 것으로 타인이 비방한다면 그건 그 사람의 내면에 문제가 있는 것이다. 만약 그 사람이 나를 마음에 들지 않아 떠나간다 해도 나는 별로 상관하지 않으면 된다. 우리는 기본적으로 '내가 왜 다 잘해야 하는데?' 하는 배짱 있는 마이웨이 정신을 마음속으로 늘 기억하도록 하자. 왜냐하면 나 자신이 가장 소중하니까!

02

가끔은 냉정해도 괜찮아

　당신은 일방적인 양보와 인내로 힘들어한 적이 있는가? 무리한 요구나 부탁이 들어왔을 때 거절을 못 해 마지못해 수락하고 나서는 나중에 후회한 적이 있는가? 또는 하고 싶은 말도 못하고 꾹 참고 살아가는 모습이 있지는 않은가? 그렇기 때문에 마음이 답답하고 우울해진 적은 없는가?

　이 질문들은 배려 많은 착한 사람들이 흔히 겪는 현상들이다. 나중에 후회해도 자기도 모르게 계속 그렇게 반복하고 있는 자신을 발견하곤 한다. 바로 '착한 사람 콤플렉스'로 인해 상대방을 불편하게 할까 봐 내면의 착한 아이가 늘 전전긍긍하고 있기 때문이다. 내가 인내하며 선의를 베풀어 상대에게 '인정'을 받아야 하는데, 기대했던 '인정'이 돌아오지 않으면 세상이 무너질 것 같은 슬픔을 느끼기 때문이다. 무의식적으로 이러한데, 나중에 현실적인 결과를 까놓고 보면 결국 나만 손해를 보는 경우가 너무 많다. 그래서 자괴감이 들기도 하고 우울감이 들기도 한다. 이 연결 고리를 끊어야 하는데 참 쉽지가 않다.

직장 동료의 무리한 부탁을 참고 계속 들어주다가 나중에는 나의 선의를 당연하게 여기고 점점 더 무리한 요구를 하는 경우가 있다. 참다 참다 마침내 한마디 하면 '너무 한다'라는 식으로 답이 돌아올 때가 있다. 그 사람도 참 무례하기도 하지만 이건 명백히 나 자신이 대처를 잘 못한 탓도 있다. 일방적인 양보와 인내는 끝내는 내 권리를 침해해도 좋다는 사인을 주는 꼴이 되기 때문이다. 시기를 놓치고 너무 늦게 맞대응을 하면 오히려 저쪽에서 비난을 할 가능성이 높다. 죽도 밥도 안 되는 지경이 된다.

여기서 중요한 포인트는 내가 자신의 '선'을 잘 지키며 살고 있는가이다. 아무리 배려심이 많다 해도 상대방이 넘어와서는 안 될 선이 있는 것인데, 이것을 침범하도록 놔두는 것은 매우 위험하기 때문이다. 이 선이 무너지는 것이 반복되면 나는 그야말로 만만한 사람이 되는 것이다. 나중에 이 만만한 사람이 떠들어봤자 상대는 눈 꿈쩍도 안하는 상황이 벌어지는 것이다.

애초에 빨리 내 '선'을 지켰어야 했다. 그러니 이 '선'을 지키기 위해 나는 때론 냉정해야 할 필요가 있는 것이다. 처음에 잠시 포용하고 양보하는 일은 누구나 할 수 있다. 나의 한계선을 넘지 않는 범위라면 얼마든지 웃어넘길 수 있다. 그러나 상대방이 한계선을 넘어 오면, 무조건 참고 끌려다니지 말고, 상대에게 내가 인내할 수 있는 한계선이 있음을 명확하게 알려야 한다. 이렇게 하는 것이 오히려 상대와 진심으로 잘 지낼 수 있는 지름길이라는 사실을 잊지 말자.

만약 상대가 나와 잘 지내고 싶은 마음이 있다면 그 한계선을 존중해줄 것이다. 그러나 내가 한계선을 명확히 알렸는데도 비난을 해오면 더 이상 그 사람과 잘 지낼 필요가 없다. 이 세상 사람들 모두와 잘 지낼 필요가 없지 않은가. 수많은 사람들 중에는, 일부는 내 편이고 또 일부는 남의 편일 수밖에 없음을 인정하자.

그러나 신기하게도 내가 상황에 따라 냉정하게 말하면서 내 한계선을 지키면 상대도 나를 존중해주면서 함께 잘 지낼 가능성이 높아진다. 착한 사람들이여. 꼭 해보길 바란다. 내가 나 자신을 소중하게 생각할 때 다른 사람들도 나를 소중하게 여긴다는 사실을 기억하자. 직장 내에서 사회에서 너무 냉정하게 나 위주로 살면 혹여 불이익을 당하지 않을까 걱정할 수도 있다. 그러나 세상이 많이 변했다. 나 스스로가 떳떳하고 당당한 모습을 자주 보이면, 오히려 일적인 면에서 나의 수행 능력에 더 믿음이 가지 않을까.

나는 일상에서 내가 하고 싶은 말을 잘 못하고 살 때가 많았다. 내가 잘 때 옆에서 유튜브를 크게 틀어놓고 보는 남편에게, 소리를 줄이거나 꺼

달라는 얘기를 잘 못했다. 맘속으로 어떻게 말해야 남편 기분이 널 상할까, 화내면 어쩌지 싶어 참고 또 참았다. 그러다가 도저히 못 참고 터뜨리니까 말이 좋게 나갈 리가 없다.

"꼭 그렇게 큰 소리로 틀어놓고 봐야 되는 거야? 귀가 잘 안 들려요? 도대체 왜 그러는 건지 모르겠네!"

내가 이렇게 쏘아붙였으니 남편도 좋게 반응할 리가 없다. 혼자 삐쳐 있다가 갑자기 화를 내니까 남편도 덩달아 예민하게 받아들이고는 화를 내는 것이었다. 나는 아차 싶었다. 처음에 그냥 편하게 말했으면 좋았을 걸. "핸드폰 소리가 너무 큰 것 같아요. 옆에서 자고 있는데 소리 좀 줄여주면 안될까요?"라고 담담하고 간단명료하게 처음부터 말했으면 서로 기분 상하지 않고 잘 넘어갔을 텐데 말이다.

한 번은 찜찔방에서의 일이다. 코로나 시국이 한창일 때 규제가 조금 풀려 오랜만에 찜질방을 가게 되었다. 작은 방으로 된 공간 안으로 들어가 조용히 땀 좀 빼보려고 하는데, 옆쪽에 있던 아주머니들이 계속 웃고 떠드는 것이었다. 평소 같으면 그러려니 하는데, 코로나 시국인지라 다들 예민해진 상황에 그 방에 있던 다른 사람들도 모두 그 아주머니들을 주시하고 있던 터였다. 나도 슬쩍 째려보기도 하고 눈치도 줘봤지만, 그 아주머니들은 수다를 멈출 줄을 몰랐다. 그 순간 나는 생각했다. '혹시 저

사람들 때문에 내가 코로나 바이러스에 옮으면 어떡해!! 절대 그럴 순 없어!'

"저기요. 여기에서 그렇게 대화하시면 안 돼요. 나가서 해주시겠어요?"

하고 나도 모르게 대뜸 말이 튀어나갔다. 약간은 격앙된 말투였지만 크게 화를 내지는 않았다. 그런데 내 심장이 너무너무 두근거리는 것이었다. 콩닥콩닥 내 심장 소리가 내 귀에까지 들리는 것 같았다. 나도 참! 그 순간 너무 떨렸나보다. 평소의 나 같지 않은 행동이었으니 그럴 만도 했다. 그러나 내가 그렇게 말하고 나서 바로 그 아주머니들은 조용해졌고 나한테 따지거나 하지는 않았다. 그리고 주변의 다른 사람들은 내가 대신 말을 해줘서 그런지 속 시원해 하는 눈치였다.

나는 그 순간 맘속으로 깨달았다. 아하! 필요할 때 바로 간단명료하게 말하면 되는 거였구나! 이렇게 하니까 잠깐은 냉정한 사람으로 보이겠지만, 의외로 일이 빠르고 무난하게 끝나는 거구나! 하고 말이다. 다음부터는 하고 싶은 말이 있을 때 더 자신 있게 잘 말할 수 있을 것 같아서 용기마저 솟아났다.

그리고 내가 이렇게 용기 내어 말할 수 있었던 이유를 되짚어보았다. 만약 내가 가만히 참으면 벌어질 수 있는 최악의 사태를 상상했던 것 같다. 이것은 비슷한 상황에서 상대에게 말을 할지 그냥 참을지 망설여질 때 써보면 좋은 방법이 될 것이다. 내가 참았을 때 일어날 최악의 상황을 미리 시뮬레이션 해보고, 도저히 안 되겠으면 용기를 내어 바로 말하는 걸로 말이다.

만약 돈을 빌려달라고 하는 지인의 부탁이 들어왔을 때도 마찬가지로 이 방법을 쓰면 좋을 것이다. 물론 내가 여력이 된다면 받을 생각을 하지 않고라도 빌려줄 수 있다. 그러나 만약 내가 그럴만한 상황이 도저히 안 되는데 지인의 부탁을 뿌리치지 못해 머뭇거리는 상황이 된다면 어떻게 할 것인가? 이럴 때 그 즉시 빨리 맘속으로 상상해야 한다. 무리해서 돈을 빌려줬을 때 나중에 일어날 수 있는 최악의 사태를 상상해보자. 나중에 나 스스로 후회하고 자책하지 않을까? 만약에 저 사람이 여건이 좋아지지 않아 내 돈을 갚지 못하고 질질 끌면, 나는 또 말도 제대로 못하고 혼자 애태우며 얼마나 고통스러운 시간을 보내게 될까?

생각이 여기까지 미치면 혼자 벌벌 떨며 무리해서 돈을 빌려줄 생각이 싹 달아날 것이다. 그러면 용기가 생겨 그 즉시 좋은 말로 잘 거절할 수 있을 것이다. 거절하는 말은 최대한 간단명료하게 하고 담담한 말투로 하는 것이 좋다. 예외의 여지를 주지 않고, '나'를 중심으로 상황과 생각을 상대에게 정확하게 전달해야 한다. 이건 결코 이기적인 것이 아니다. 상황을 슬기롭게 헤쳐 나가기 위한 좋은 방법이며, 결국 서로 상처받지 않으면서 상대와의 관계도 잘 유지되는 지름길이 될 것이다.

상대의 부탁을 잘 거절할 줄 알아야, 나도 상대의 거절을 받아들이기 쉽다는 말이 있다. 거절해야 할 때 거절하지 못하고 상대에게 과도하게 끌려가기만 한다면, 나 자신을 학대하는 것과 다름없을 것이다. 선량하고 배려하는 것도 좋지만, 필요할 때는 시기적절하게 나 자신을 위해 싸울 줄도 알아야 한다. 이러한 착한 이기주의자의 자세로, 부드러워야 할 때는 부드럽게, 강해야 할 때는 때론 냉정하게 변할 줄도 알아야 인간관계에서 자신을 지킬 수 있다. 당신의 착하고 고운 마음 깊숙한 곳에, 스스로를 지켜낼 수 있는 작은 가시를 키워보는 건 어떨까.

인간관계도 가지치기가 필요하다

우리는 살면서 잘 망각하고 지내는 것이 있다. 바로 사람은 서로 다르다는 것이다. 생각하는 가치관이 다르고 각자 삶의 목표와 방식이 다르다. 서로 다름을 인정하는 것, 그것은 너는 너의 인생이 있고, 나는 나의 인생이 있으니 서로 다른 삶을 인정해주고 존중해주자는 뜻이다. 그러나 우리 사회는 개인의 자율성을 인정해주기보다는, 사회 공동체의 일원으로서 집단의 조화를 중시하는 관계지향적인 사회다. 이런 환경에서 자란 탓에, 우리는 인간관계에 있어서 각자의 다양성을 인정해주고, 적정한 거리를 두는 것을 어려워한다.

남과 나의 경계를 명확하게 인식하고 있는 사람은 서로 다름을 인정해주고 존중해줄 줄 안다. 그러나 경계가 모호한 사람은, 다른 사람이 나와 다르게 생각하고 행동할 때 이해하기 어려워하고 고통스러워한다. 그래서 가끔 쓸데없이 오지랖을 부리기도 하고, 선을 넘어 참견을 하기도 한다.

남과 내가 다름을 인정하는 것이 어렵기도 하지만, 나 자신을 주장하고, 나의 리듬대로 살아가는 것을 당당하게 여기는 자율성 또한 유지하기 어려운 것이 우리나라 현실이다. 착하고 여린 사람은 더 할 것이다. 항상 다른 사람의 눈치를 보고, 칭찬을 듣기 위해 노력하고 인내하며 살기 때문이다. 착한 사람이 자신의 생각과 삶의 방식을 당당하게 주장하지 못하는 이유는 아마도 타인에게 사랑받고 인정받고 싶은 욕구 때문일 것이다. 이러한 친밀함에 대한 욕구, 거부당할까 전전긍긍하는 불안감 때문에 착한 사람들은 스스로의 자율성과 주도성을 감추며 살곤 한다. 따라서 모든 사람들에게 다 잘해야 하기 때문에, 그중 누군가를 골라 거리를 둔다는 것은 여간 힘든 일이 아니다.

농업 용어로 '가지치기'라는 말이 있다. 사전적 의미는, '식물의 겉모양을 고르게 하고 웃자람을 막으며, 과실나무 따위의 생산을 늘리기 위하여 곁가지 따위를 자르고 다듬는 일'이라고 나와 있다. 만약 키우던 식물이 시들어 죽어갈 때, 더욱더 풍성하고 아름답게 자라게 하려면 잘 못 뻗은 가지들을 가차 없이 잘라내야 한다는 것은 잘 아는 사실이다. 마찬가지로, 인간관계도 이 가지치기가 필요하지 않을까 생각해본다.

'착한 사람 콤플렉스'를 가진 사람은, 주위에 있는 사람들과 다 잘 지내야 한다는 강박 관념을 가지고 있다. 가족 간에는 특히 더 그렇다. 가족과 지인들에게 무조건적인 헌신을 하며 나의 무의식 속에는 '내가 이만큼 해주니까 너도 이 정도는 해주겠지.' 하는 이유 모를 상대방에 대한 기대감이 있다. 그러나 내가 베푼 호의에 고마워하고 더 큰 호의나 보답을 하려고 하는 사람이 있는가 하면, 반대로 나의 호의를 당연하게 여기고 '이 정도는 해줘야 되는 거 아냐?'하고 오히려 더 무리한 요구를 하는 사람도 있다. 이것은 착한 사람뿐만 아니라, 보통인 사람들도 경험해봤을 것이다.

영화배우 모건 프리먼이 말한 인간관계에 대한 유명한 명언이 있다.

"좋은 사람과 쓰레기를 구분하려면 그에게 착하고 상냥하게 대해줘라. 좋은 사람은 후일 한 번쯤 당신에 대한 보답에 대해 고민해볼 것이고, 쓰레기는 슬슬 가면을 벗을 준비를 할 것이다."

이처럼, 사람들이 타인과 친밀한 관계로 오래 갈지 말지를 판단하고자 할 때 흔히 쓰는 방법이 있다. 바로 초반에 무조건 잘 해줘보라는 것이다. 이렇게 원하는 대로 무조건 잘 해줬을 때 고마워하고 호의를 베풀려고 하는 사람과, 내 호의를 당연히 여기는 사람 두 갈래로 정확히 나뉘게 된다. 이때 속전속결로 가지치기를 해야 한다. 그러나 우리 착한 사람들은 '도대체 왜 저러는 거지?' 하고 고통스러워하느라 빨리 잘라내지 못한다. 바로 여기가 용기를 내야 하는 부분이다. 내가 정말로 불편함을 느끼는 관계는 과감하게 정리하거나 혹은 최소한의 적정 거리를 둘 필요가 있는 것이다.

　다시 한 번 말하지만, 모든 이들과 잘 지낼 필요가 없다. 모두 좋은 사람만 있는 것이 아니라는 것을 기억해야 한다. 가족을 포함해 이 세상 사람들 중에는 도대체 어떻게 해볼 도리가 없는 사람들이 많다. 앞에서는 좋은 말만 하고 뒤에 가서는 비방을 한다거나, 열 번을 잘 해주다가 한 번만 못해줘도 물고 늘어지는 사람도 있다. 시도 때도 없이 과도한 도움을 요청한다거나, 주위 사람들을 힘들게 하면서 자기는 올바른 사람이라고 배 째라 하는 사람도 있다. 이들은 모두 그냥 원래 나쁜 사람들이다. 이들에게 도대체 뭘 기대할 수 있단 말인가. 살면서 이런 사람을 만나면 과감하게 바로 정리하는 게 답이다. 내가 손해 볼 것을 상상해보라. 끔찍하지 않은가. 그런 사람들에게 시간과 에너지를 빼앗기느니, 더 좋은 사람을 만나서 즐겁게 사는 것이 훨씬 좋지 않은가.

　프랑스의 유명한 소아정신과의사인 스테판 클레르제는 그의 저서『기운을 뺏는 사람, 당신 인생에서 빼버리세요』에서 '멘탈 뱀파이어'라는 말을 소개하고 있다. 멘탈 뱀파이어란, 만나고 나면 이상하게 기운이 쭉쭉 빠지고 기분이 헛헛해지는 사람을 말한다. 함께 있으면 먼저 느끼는 증상은 '심신의 피로'이다. 그와 대화를 할수록, 점점 우울해지고 의기소침해지며 힘이 쫙 빠지면서 탈진된 기분이 든다.

나도 가까운 친구나 지인들 중에 멘탈 뱀파이어가 가끔 있었던 것 같다. 내가 부정적인 한탄을 하든 좋은 얘기를 하든, '세상이 다 그런 거지. 아무리 해도 안 되는 게 세상 이치 아냐?' 하면서 마치 부정적인 말 내기를 하듯 분위기를 깊은 수렁으로 끌고 가곤 한다. '그래도 너는 나보다 여건이 더 낫네. 부럽다 부러워. 나는 어쩔꼬….' 하면서 겸손인 건지 질투인 건지 알 수 없는 말만 늘어놓는다. 한참 얘기를 하다 보면, 분위기가 이상해질 때도 있고 점점 기분이 가라앉으면서 기운이 빠지고, 희망이 없어지는 듯한 느낌에 빠져든다.

멘탈 뱀파이어는 피해자인 척하거나 겸손한 척을 하지만 실제로는 절대 자기비판을 하지 않는다. 자신보다 상대가 더 잘 안되기를 무의식적으로 바라고, 혼자만 슬퍼지기 싫은 나머지 상대도 함께 수렁에 빠지길 원한다. 착한 사람들은 이런 사람이 곁에 있을 때 그 자리를 피하거나, 반박하는 말을 잘 못 한다. 그래서 부정적인 우울감에 덩달아 빠지기 쉽다.

그러나 함께 있을 때 마음이 불편하고 기 빨리는 느낌이 든다면 그 자리를 박차고 나오는 것이 좋다. 아니면 '너무 부정적으로만 말하지 마라.' 하고 좋은 말로 얘기하는 것도 괜찮다. 상대는 만만한 사람 앞에서 마음대로 떠들기 때문에, 상대가 만만하지 않겠다 싶으면 멈칫하게 되기 때문이다. 용기를 내어 내 생각을 단호하게 말하고, 상대의 부정적인 말에 휩쓸리지 않고 항상 나 자신 위주로 생각해야 한다.

멘탈 뱀파이어뿐만 아니라, 나에게 무례하게 대하는 사람들이 있을 때 절대 그들에게 잘 보여야 할 필요도 없고, 잘 해줄 필요도 없다. 나와 잘 맞는 사람과 행복하게 지내는 시간도 모자랄 판에, 소중한 내 인생을 영혼을 갉아먹는 사람과 함께 할 수는 없는 노릇이다.

나 아닌 다른 사람은 말 그대로 남이다. 나 자신이 내 인생에 가장 우선이지, 절대로 남이 우선이 될 수 없다. 내가 잘 해줬는데 나를 만만하게 보는 사람, 자꾸만 선을 넘어오는 사람, 내 영혼을 갉아먹는 사람이 있다면 그들을 바로 차단해야 한다. 만약 그런 사람이 내 가족 중에 있다면 일정 거리를 두고 지내는 것이 좋다.

또 한 가지 중요한 마인드는, '그러려니, 아님 말고 정신'이다. 만약 나의 배려를 무시하거나, 나와 뜻이 안 맞는 사람이 있으면, '내가 부족한가?' 또는 '저 사람은 도대체 왜 저러는 거지?' 하고 고민을 하며 쓸데없는 에너지만 소비하지 말자. 그냥 보내주자. 훨훨. 모든 사람이 나와 생각이 똑같을 수 없고, 내가 호의를 베푼 만큼 상대로부터 돌아오지 않을 수 있기 때문이다. 그러니 저 사람이 이상한 게 아니라, 그냥 사람은 다양성이 있는 것이다. 맘에 안 드는 사람이 있을 때 괴로워하지 말고 그냥 그러려니 하자. 그리고 거리를 두자. 무례하게 나온 인간은 가차 없이 잘라내는 것은 물론이다.

가장 중요한 것은 바로 나 자신임을 잊지 말자. '오는 사람 막지 말고,

가는 사람 잡지 마라.'는 맹자의 말씀처럼, 어차피 나와 안 맞는 사람 고이고이 보내버리는 게 속 편하다. 그러거나 말거나, 아님 말고 정신으로 철저하게 나를 지키고, 필요하면 가지치기를 하며 내 인생을 더욱더 풍성하고 아름답게 만들어보자.

04

반드시 끊어내야 하는 사람의 특징

내가 배려하고 헌신한 상대방이 고마워 할 줄 모르고 오히려 당연하게 여길 때 상처받고 배신감을 느끼게 된다. 이때 호의를 중단하거나 했을 때 평소답지 않은 내 모습에 상대방이 의아하게 여기고 다시 다가와 준다면, 그 사람은 보통의 선한 사람일 가능성이 높다. 이럴 경우는 내가 너무 심하게 헌신만 했는지 되짚어보고 강약 조절을 하면서 그 사람과 관계를 잘 이어가면 된다.

걸핏하면 부정적인 말만 하고 기 빨리는 것 같은 사람도 알고 보면 힘들게 사는 사람이 많다. 그래서 내가 용기를 주거나 긍정적인 얘기를 많이 했을 때 좋은 말을 해줘서 고맙다는 반응이 돌아오면, 그 사람도 보통

의 선한 사람일 가능성이 높다. 내가 좀 더 긍정적인 모습을 많이 보여주고, 희망적인 얘기를 많이 해주면 충분히 바뀌어나갈 사람이기 때문에 굳이 관계를 끊을 필요는 없을 것이다.

그러나 세상에는 정말 어찌 할 수 없는 나쁜 사람도 많다. 내가 굳이 에너지를 소비해가며 관계를 지속하지 않아도 될 사람들이 있는 것이다. 이런 사람들은 대개 넘어서는 안 될 한계선을 넘어와 나에게 상처를 주고 영혼을 갉아먹는 사람들이다.

첫 번째로, '내가 만만한가?' 하는 생각이 자꾸 들게 하는 사람이다. 나의 헌신과 배려를 당연하게 여기는 것을 넘어, 선을 넘는 말을 자꾸 하는 사람들이 있다. 대화를 할 때 항상 말을 자른다든지, '너 그거 잘 못하잖아.', '너 그거 안 될 것 같은데?'라며 나를 부족한 사람 취급을 하며 무례한 말을 아무렇지 않게 사는 사람들이다. 착하고 선한 사람들은 이런 말을 들었을 때 그 자리에서 바로 반박하지 못하고 마음에 쌓아두다가 상처받고 우울해지는 경우가 많다. 선한 사람 콤플렉스 때문에 서로 끝까지 좋게 지내고자 하는 강박 관념에 겉으로 표현도 못하고 끙끙 앓고 지내다가 화병을 얻기도 한다.

솔직히 말해서 착하고 여린 사람은 만만한 상대가 되기 쉽다. 그러나 그렇다고 해서 저 사람들이 마냥 정상인은 아니라는 것이고, 이런 대접을 받는 것이 내 탓만은 아니라는 사실이다. 그리고 그들은 절대 착한 사람보다 강하고 두려워할 만한 존재가 아니다. 오히려 그 반대로 약하고 열등한 사람이다.

그들은 공감 능력이 떨어지고 열등감이 높으며 자존심만 강한 사람이 많다. 이미 과거에 당해본 사람들이고, 사회나 학교에서 만만함을 당해봐서 역시 만만하게 대할 상대를 찾아다니는 자가 된 것이다. 자신의 감정을 풀고 싶어 굶주린 자들이고, 남 잘 사는 꼴을 못 보는 사람이다. 이런 상대와 마주치는 사람 중에, 인정 욕구가 강하고 버림받을 것에 대한 두려움이 커서 노(No)라고 말을 잘 하지 못하는 사람이 있다면, 바로 그의 밥(?)이 되는 것이다.

이런 사람은 매우 위험한 사람이다. 내가 착하고 여리다고 해서 그 사람들의 무례함을 받아 줄 이유가 될 수는 없다. 저 사람들은 '넌 무조건 내 아래고, 그 어떤 분야든 일단 너보다는 내가 더 잘 알아.'라고 생각한다. 이 사람들이야말로 피해 의식이 가득한 예민한 망상증 환자라고 할 수 있다. 그 누구의 능력으로도 고치기 힘든, 선을 넘는 자이니 당장 손절해야 옳다.

둘째, 본인은 쉽게 선을 넘고 비난하면서 똑같이 대해주면 불같이 화내는 사람이 있다.

"야! 말이 너무 심한 것 아냐?"

"야, 그거 가지고 그러냐?"

"그건 아니지 않냐?"

자신이 한 행동이나 말의 잘못은 1도 생각 안하고 오히려 상대방을 예민한 사람으로 만든다. 그러면서 자기에게 무조건적인 관용과 배려를 바란다. 착한 사람들은 이런 말을 들으면, '아, 이게 당연한 건가?', '내가 잘못한 건가?' 하는 생각이 들 수 있다. 그러나 절대 이런 생각을 하면 안된다. 그건 내 잘못이 아니기 때문이다. 그 사람이 그냥 나쁜 것이다.

내가 의기소침해하거나 불쾌한 반응을 보이면 저들은 오히려 즐거워한다. 본인이 잘 못한 건 은근슬쩍 넘어가고, 남의 잘못은 뻥튀기해서 불같이 화를 낸다. 굉장히 비겁하고 파괴적인 행동이다. 여기서 무너지면 안 된다. 자책하지도 말자. 아, 이 사람은 피해 의식이 가득한 이기적인 망상증 환자구나라고 생각하고 바로 이별을 고하자. 그래, 그냥 장난인 거 다 받아주는 그런 인간 만나 잘 먹고 잘 살아라!

셋째, 개인사나 약점을 솔직하게 얘기했더니 소문을 내거나 뒷말을 하는 사람이 있다. 사람은 누구에게나 약점이 있고 어려웠던 인생사가 있다. 나 역시 파란만장한 삶을 살았기에 그것을 누군가와 함께 나누며 위로받고 싶은 마음이 강했던 것 같다. 사회에서 만난 친구나 지인들에게 내 삶에 대해서 솔직하게 털어놨을 때, 내 앞에서는 '그렇구나, 힘들었겠다.'라며 공감해주고 위로해주는 사람이 대부분이었다. 어떤 사람은 같이 화도 내주고 해결방법을 함께 찾아보자고 말하는 사람도 있었다. 그러나 어떤 이는 이런 나의 인생사를 약점 삼아 뒷말을 하고, 그것을 왜곡해서 소문을 내는 사람도 있었다.

난생 처음 겪는 일이라 너무나 당황스러웠다. 여기저기 전화를 하거나 폭풍 문자를 하면서 하소연도 해봤다. 결국 사과는 받아냈지만, 이미 왜곡된 채 퍼져버린 나의 소문에 너무나 비참한 생각이 들었다. 사과도 억지로 받은 것 같아 화가 풀리지 않았다. 그 자체로 모든 것이 나에게 큰 상처로 다가왔다. 마음이 잠잠해지기까지 수개월이 걸렸다.

악성 댓글이나 비방 글에 시달리는 사람들의 마음이 이런 건가 싶다. 바로 잡고 싶은 마음은 굴뚝같으나, 그 이전에 이미 커져버린 상처. 그 당황스러움과 슬픔은 참 헤어나기 힘든 것이다. 특히나 착하고 여린 심성의 소유자라면 더 그럴 것이다.

착하고 순한 사람들은, 사람들과 관계를 맺어갈 때 '나처럼 양심적인 착한 사람이겠지.' 하는 기대에 초면에 불쑥 내 개인적인 이야기를 털어놓는 경우가 많다. 나도 역시 그런 습관이 있었다. 어떤 땐, 그 자리에 같이 있던 친구가 나중에 귀띔을 해주면서 초면에 그렇게 모든 걸 다 얘기하면 어떡하느냐고 타박한 적도 있다. 그 얘기를 듣고 정말 민망했고, 이미 저지르고 난 뒤라 너무나 후회스러웠다.

모든 사람이 다 나와 같지 않다는 것을 명심 또 명심해야 한다. 세상엔 나의 약점을 이용하려는 사람도 많고 왜곡된 이야기를 즐기려는 사람도 많다. 그렇기 때문에, 신뢰가 확실히 쌓이기 전까지는 가급적 내 속마음이나 개인사를 털어놓지 않는 것이 좋다. 인간관계 초반에는 어느 정도 거리를 두고 약간은 경계하는 것이 좋다. 그래야 그 사람도 나를 만만하게 보지 않고 조심하게 된다.

이렇게 인간관계에서 반드시 끊어내야 할 사람의 특징 세 가지를 간추려보았다. 이런 사람들은 가차 없이 버려야 한다. 혹시 그 순간이 되었을 때 바로 대응하지 못할까 봐, 바로 잘라내지 못할까 봐 걱정이 되는가? 이렇게 생각해보자.

　만약 나쁜 이들의 무례함에 당한 사람이 내가 아니라 내 가족이나 친한 친구라면, 과연 어떻게 조언하겠는가? 끓어오르는 화를 못 이겨 당장 잘라내라고 하지 않겠는가. 인간관계에서 어떻게 해야 할지 스스로 결정하기가 힘이 든다면, 내 가족의 일이라 생각도 해보고, 제3자가 되어 나 자신을 한번 바라보기도 해보자. 내 가족과 친구가 소중하듯이, 나 자신도 정말 소중한 존재이므로, 그 누구도 나에게 무례하고 나쁜 행동을 못하게 스스로 방어할 줄 알아야 한다. 꼭 기억하자. 이 세상엔 내가 어찌할 수 없는 별 이상한 사람이 너무너무 많다는 것을!

05

완벽하지 않아도 괜찮습니다

　나는 이른바 공부 잘하는 집안의 1남 5녀 중 넷째 딸로 태어났다. 우리 형제자매는 시골의 작은 도시에서, 약사인 아버지와 엘리트인 어머니 사이에서 태어났다. 그래서 그런지, 맏이인 오빠가, 부모님이 엘리트여서 어쩔 수 없이 공부를 열심히 해야 했다는, 믿지 못할 전설이 전해져 내려온다.

　오빠와 언니들은 줄줄이 공부를 잘하고 학교에서 1등만 했다. 나는 천성이 천진난만하고 활달한 편이라 친구들과 노는 것을 좋아했다. 아마 우리 집에서 나만큼 밖에서 많이 놀았던 아이는 없을 것이다. 거기에다 나는 음악과 미술을 좋아했고, 교내 대회에서 상을 타기도 했다. 그러다 초등학교 5학년 때쯤 '이제 나도 1등을 해야 하지 않을까?'라고 생각했던 것 같다. 자연스레 오빠와 언니들을 따라 나도 열심히 공부했다. 그러곤 1등을 거머쥐게 되었다.

학창 시절, 나는 오빠와 언니들이 모두 공부를 잘하는데, 나만 공부를 못하면 어쩌지, 하는 불안을 느꼈던 것 같다. 심지어 1등을 해도 2등을 한 것처럼 별로 기쁘지도 않았다. '당연히 1등을 해야지…', 다행이네 하는 안도감만 들 뿐이었다.

엄마와 아버지는 내게 공부하라는 잔소리도 별로 하지 않으셨다. 그런데도 나는 작은 도시에서 혹여 비난받을까 봐, 다른 형제자매들과 비교될까 봐, 무의식적으로 불안해했던 것 같다. 그래서 그랬을까. 중학교 시절에는 강박증이 심해져서 스스로에게 엄격하고, 시험 기간에는 잠도 안 자고 공부해 엄마도 못 자게 만들곤 했다.

나는 이른바 공부 잘하는 집안의, 공부 잘하는 딸이어야 했고, 착하고 바르게 생활하는 아이로서, 친구나 이웃들에게 모범을 보여야 했다. 그런 데다 천성이 착하고 밝은 편이어서 친구들과 잘 지내고 인기가 많았다. 그럴수록 나는 더욱더 바르고 착한, 배려를 잘하는 아이가 되어야만 했다.

그러나 이러한 완벽주의적인 성격은 살면서 나를 너무 힘들게 했다. 바른 것과 바르지 못한 것을 이분법적으로 구분하는 흑백논리에 빠져,

융통성이 부족한 사람이 되곤 했다. '나는 반드시 ~해야만 한다.'라는 당위적인 사고에 갇혀, 가족이나 가까운 친구들과 논쟁하는 경우가 잦았다. 또한, 완벽하게 선한 사람이 되려고 했기 때문에, 이용당하고 상처받는 경우도 많았다.

내가 심한 완벽주의자여서 힘든 점을 정리해보면, 첫째, 예상치 못한 상황에 적절하게 대처하기 어렵다는 것이다. 나와 성향이 전혀 다른, 자유로운 영혼을 가진 내 아이는 내가 원하는 '착실한' 모습을 보이지 않을 때가 많았다.

"어떻게 숙제를 안 하고 놀 수 있니?!"
"시험 기간에 이렇게 놀 것 다 놀아도 되는 거야?"
"해야 할 것 먼저 다 하고 놀면, 마음이 편하지 않겠어?"

나는 아이에게 이런 말을 해야 한다는 사실조차 받아들이기 힘들었다. 그리고 내 마음 같지 않게 행동하는 이 아이를 어떻게 대해야 할지 몰라 몹시 당황스러웠다.

둘째, 어떤 일이 제대로 되지 않았을 때, 나는 그렇게 만든 원인을 찾아내려고 기를 쓴다. 심지어 그렇게 만든 누군가가 있으면 원망하기 바쁘고, 나 자신의 잘못이면 자책하느라 많은 에너지를 소비한다. 여기서 헤어 나오려면 너무 힘든 데다, 시간도 많이 잡아먹는다. 결국, 어떤 이유라도 찾아내서 끝을 내야 마음이 놓인다. 정말 피곤한 성격이다.

셋째, 나만의 강박적인 흑백논리를 다른 사람에게 강요하느라, 인간관계가 나빠질 위험을 감수해야 한다. 이 때문에, 가족이나 가까운 친구 사이에 가끔 논쟁이 벌어지곤 했다. 더 크게는 직장에서 직원이나 상사와 불화를 일으킬 수도 있을 것이다.

선하면서 완벽주의자라면, 더 위험할 수 있다. 바로, 다른 사람에게 자기 뜻을 강요하면서도, 자기 자신은 유연하고 배려 많은 사람이라고 착각하기 때문이다. 나는 내가 옳다고 생각하는 것을 가족에게 많이 강요했는가 보았다. 참다못한 남편과 아이가 나한테 화를 내면, 나는 가족이 잘되라고 그런 건데, 도리어 공격받는 것 같아 억울한 마음이 앞섰다.

나의 선한 완벽주의는 어릴 때의 경험에서 기인했다고 생각한다. 합리적이고 바른 삶을 살아야 하는 나는, 상황이 완벽하게 흘러가지 않을까 봐 매우 불안해한다. 마치 한 번의 실수로 나의 모든 게 무너져버리면 어쩌나 하면서.

이렇게 살면 너무 힘들다는 걸 알면서도 참 고치기 힘들다. 그러나 노력해야 한다. 살면서 불안해하지 않고, 인간관계에서 상처받지 않으려면. 또한, 이런 성향을 이용하는 나쁜 사람들도 있어서 더욱 그렇다.

양창순 선생님은 『담백하게 산다는 것』이라는 책에서 이렇게 말한다.

"불안에서 벗어나려면, 내가 불안하다는 것을 인지하는 데서부터 시작해야 한다. 내가 무엇 때문에 불안해하는지 적어보고, 해결책에 대해서도 자세히 써보아야 한다."

"나의 실수에 집착하지 말고, 관용을 베풀자. 스스로에게 조금 더 너그러워지고, 때로 가벼운 실수 정도는 웃어넘길 수 있는 용기를 갖자. 철저히 '현재 이 순간'만을 살면서, 단순하고 열정적으로 사랑만 하고 살자."

나는 왜 불안한가? 어릴 적 크게만 느껴졌던 부모님과 형제자매의 그늘 밑에서 나는 항상 두 번째였다. 그런 환경 속에서 나는 인정받기 위해 무던히 애썼던 것 같다. 1등을 해도 1등 같지 않았으니 말이다. 나는 늘 착하고 친절한, 공부 잘하는 아이로 인정받으려 노력했다.

그러나 이제 나는 그런 나를 토닥여주고 싶다. 그동안 정말 많이 애쓰며 잘 살아왔다고. 그만하면 됐다고. 지금부터는 완벽하게 살지 않아도 괜찮다고. 그렇게 나 자신을 위로해주고 싶다.

모든 사람에게 친절하고 완벽할 필요는 없다. 사실, 그들은 나의 완벽함을 별로 원하지도 않는다. 그러니 더는 불필요한 불안에 에너지를 허비하지 말자. 자신의 실수를 관대하게 웃어넘길 수 있는 여유를 갖자.

사실 나는 나의 완벽주의 성향을 한 번에 무너뜨리는 사건을 맞닥뜨린

적이 있다. 그것은 바로, 나의 큰딸에게 장애가 있다는 것을, 아이가 세 살 때 발견한 사건이었다. 지적장애 1급인 우리 아이는, 다섯 살이 되도록 걷는 것조차 불가능했다. 언어는 물론, 대소변도 못 가리는 아이였다. 나는 전문의 자격증 시험을 마치자마자 바로 큰아이를 들쳐 업고, 이 병원, 저 병원을 찾아다녔다. 미친 듯이 아이를 치료해주려 노력하면서, 누가 감히 장애아 부모의 마음을 다 안다고 할 수 있겠는가….

나는 변하지 않으면 안 되었다. 왜냐하면, 아이가 아프다는 사실을 받아들여야 했기 때문이다. 그러려면, 나의 완벽주의 삶을 포기하고, 모든 걸 내려놓는 고통을 감당해야만 했다. 적어도 남들과 비슷하게라도 살고 싶었기 때문이다. 똑똑한 아이는 아니더라도, 정상에 가깝기만이라도 했으면 싶었다. 그러나 현실은 아니었다. 한 번도 부모님을 속상하게 한 적 없고, 착하게만 성장한 나에게 왜 이런 일이 일어났는지, 도대체 내가 무슨 죄를 지었는지 몰라 괴로웠다.

그러나 오랜 세월이 지난 지금은 그 이유를 더는 캐묻지 않는다. 그냥 우리 큰딸은 하나님이 나에게 주신 선물이고 축복이라고 생각한다. 어깨의 짐은 여전히 무겁지만, 하나님은 능히 감당할 자에게 고난을 준다고 하셨다. 무슨 일이든 잘 참고 견뎌내는 성격인 나에게, 하나님은 내가 감당하리라 보고 우리 큰딸을 나에게 보내주셨나 보다. 틀림없이 우리 큰아이는 우리 가족에게 큰 복을 가져다주리라 생각한다. 우리 큰딸은 나의 쓸모없는 완벽주의 성향이 많이 누그러지는 데 가장 큰 역할을 해준 보배 중의 보배다. 그래서 참 감사하다.

  큰아이를 키우면서 울기도 많이 울었다. 그렇지만 또 많이 웃기도 하고, 기쁜 일도 많았다. 우리 큰아이 덕분에 나는 담담하게 미소 짓는 일도 많아졌고, 내 기분에 좀 더 솔직할 수 있게 되었다. 사는 게 뭐라고···. 이제는 그만 완벽한 사람으로 살려고 하는 고집은 버리자. 그저 나와 우리 가족, 몸 건강하고 행복하게 살면 그만이지 싶다.

06

다른 사람이 다 나와 같지 않다

살다 보니 내가 특이한 건지, 아님 바보 같은 건지 나 같은 사람이 잘 없더라는 걸 깨달았다.

선량하게 인내하며 열심히 산다고 다 득이 되는 것도 아니었다. 나는 그동안 살면서, 모든 사람에게 양심적으로 착하게 대해야 되고 거기다 완벽주의까지 있어서 나 자신을 너무 피곤한 삶으로 빠지게 했다. 내가 이렇게 완벽하게 착하게 산다고 해서 다 고마워하는 것도 아니었다. 심지어 내가 이렇게 살고 있는 것을 이해를 못하겠다고 하면서, 나랑 대화가 안 된다며 짜증을 내는 사람도 봤다.

충격을 받았다. 어려서부터 착한 딸로 부모님 속 한번 안 썩이고 자랐다. 오빠, 언니들처럼 열심히 공부했고, 성인이 되어서도 일하고 애 키우고 열심히 인내하며 살았는데, 나이 들어 어느 순간 뒤를 돌아보니 너무나 많은 실수투성이에 고달픈 삶을 살아왔던 것이다. 세상에나! 알고 보니 나 같이 살고 있는 사람이 그리 많지 않았던 것이다!

옛날에 우리 두 딸아이가 한창 클 때, 주말에 아이를 봐줄 사람이 없어 언니네 집에 3시간 정도 잠깐 아이들을 맡긴 적이 있었다. 볼 일을 보고 난 후 아이들을 데리러 갔더니 언니가 하는 말이,

"야~ 너 도대체 어떻게 살고 있는 거니? 나는 3시간도 보기 힘들더라. 난 너 같이 못 살겠다."

그 순간 나는 망치로 머리를 맞은 듯했다. 그 당시 큰 아이는 중학교 1학년 정도의 나이였지만, 지적장애가 있어 여섯 일곱 살 아이와 같았다. 큰 문제를 일으키는 아이는 아니었지만, 항상 옆에서 긴장하며 돌봐야 하는 면이 있었다. 나는 아이가 몸은 컸어도 하는 짓은 어린 아이니 늘 그렇게 긴장하며 살아와서 몸에 밴 것이 있다. 그렇지만 언니는 아이를 긴장하며 케어하는 건 옛날에 벌써 졸업한 터였다. 다 큰 아이를 아직도 이렇게 밀착 케어를 해야 한다는 게, 단 3시간만 옆에 있어도 힘들었다는 것이다. 나는 맘속으로 생각했다.

'나는 늘 그렇게 살아왔는데. 나도 지겹고 몸도 힘들지만 그냥 참고 살아가고 있는데…. 정말 나만 이렇게 힘들게 살아가고 있는 걸까? 그럼 다르게 어떻게 살아야 하는 거지?'

어쩌겠는가. 나의 십자가인 우리 큰 아이는 내가 평생 도와줘야 할 소중한 나의 딸인 것을. 그러나 나는 혼자서 돈을 벌고, 도우미 아주머니만 데리고 두 아이를 키우며 다른 형제나 친척 도움 없이 혼자 낑낑대며 살아온 시간들이 뼈저리게 느껴졌다. 하루하루 숨이 차고 끝없이 인내하며 살고 있었다. 나만을 위한 삶은커녕, 돈 벌고 애 키우느라 정신없이 살다 보니 정작 나 자신을 뒤돌아볼 틈도 없었던 것 같다.

힘들면 힘들다고 하소연을 하고, 도움을 청하고 좀 그래야 하는데, 뭐든지 혼자서 낑낑대며 참고 살았다. 누가 보면 가히 희생적이라 할 수 있을 것이다. 그러나 어떻게 보면 바보 같지 않은가? 내가 건강을 챙기기 위해 영양제를 먹는 것도, 운동을 하는 것도 결국 아이를 끝까지 잘 돌보려고 하는 데에 목적이 있었던 것이다. 좋게 얘기하면 아주 헌신적인 엄마이고, 조금 삐딱하게 얘기하면 바보 같이 희생만 하는 엄마다.

솔직히 다른 사람은 어떻게 요령(?)을 피우며 사는지 모르겠다. 몇 년 동안 고민을 해도 나는 이 생활을 벗어나지 못하고 그대로 살고 있다. 어쩔 수 없지 않은가? 그냥 내 인생과 온 에너지를 갈아 넣어 일하며 아이를 키우며 살고 있다.

내 아이를 키우는 건 둘째 치고, 나는 인생 전반을 착하고 선하게, 그리고 완벽주의자로 살아왔다. 공부를 하든, 일을 하든 완벽하게 해내려고 기를 쓰고 노력했다. 힘들면 좀 덜 노력해도 되는데 말이다. 그리고 내가 이렇게 사니까 다른 사람도 다 그런 줄 알았다. 착하고 선하고 열심히 사는 줄 알았다. 그런데 아니었다.

어떤 사람은 피곤하지 않게 지름길을 찾아 요령껏 돌아서 가며 잘 사는 사람도 있었고, 나처럼 쎄가 빠지게 공부하지 않아도 나보다 훨씬 돈을 많이 벌며 사는 사람도 있었다. 나는 사기를 여러 번 당했는데, 어떤 이는 사기꾼을 눈치 빠르게 알아보고는 잘 피하며 살고 있었다. 나보다 예쁘지 않아도 좋은 남자 잘 만나 사랑받으며 행복하게 사는 여시 같은 여자도 많았다. 자괴감이 들었다. 주위에서 나를 불쌍하게 쳐다보는 것 같았다. '참 안됐다.' 하는 눈빛으로 말이다.

혹자는 내가 의사라서 마냥 자부심이 강하고 멋지게 사는 줄 오해하기도 한다. 그러나 속을 들여다보면, 상처투성이에 고된 삶에 지쳐 나가떨어지기 일보 직전인 상태로 겨우 버티고 있는 것이다. 나는 나의 삶이 너무나 불행했고, 고됐고 쉬고 싶었다. 나를 훌륭한 의사이자 엄마라고 누군가 칭찬한들 그게 귀에 들어오지도 않았다. 왜냐하면 내가 느끼기엔 내 삶이 솔직히 힘들고 불쌍하게 보였기 때문이다.

우울했다. 벗어나고 싶지만 그럴 수 없는 올가미 같은 느낌이 들었다. 하나님께 울부짖었다. 내가 무슨 죄를 지었기에 이렇게 살아야 되느냐고. 어려서부터 착하게 자랐고 지금까지 열심히 살아왔는데 언제쯤 나는 안락함과 평안을 느낄 수 있느냐고.

교회에 가서 설교 말씀을 들으면 조금이나마 위로를 받곤 했다. 그러나 결국 신앙생활을 게을리 하다 보니 그것도 흐지부지되었다. 그래도 극한 상황이 되면 믿을 곳은 하나님 능력밖에는 없더라는 것은 안다. 하나님 말씀 붙잡고 이 세상을 살아가는 게 맞지만, 이 험한 세상을 열심히 살아가고 있는 것은 바로 나 자신이다. 이 세상에 태어난 이상, 나에게 주어진 여건을 감당하며 살아가야 하는 것도 바로 나 자신이란 말이다.

그럼, 어떻게 살아야 하는 것일까? 내가 그동안 살아오면서 가진 가장 큰 콤플렉스. 바로 '착한 사람 콤플렉스'다. 나는 착한 사람이라고 칭찬받기 위한 인정 욕구가 강하고, 늘 남들이 어떻게 생각할까 눈치를 보며 살아왔다. 그리고 모든 일을 완벽하게 해내려고 온 에너지를 다 쏟으며 살아온 사람이다. 문제 해결의 실마리는 문제를 인식하는 것에서부터 시작된다고 했으니, 당장 이것부터 고쳐나가야 한다. 우선 몇 가지 사항을 다짐해본다.

1. 나는 꼭 착하게 살지 않아도 된다.
2. 항상 나 먼저 생각하며 조금은 이기적으로 살자.
3. 힘들면 가족과 지인들에게 힘들다고 말하고 도움을 요청하자.
4. 내가 잘해줬을 때 반응이 없으면 그러려니 하고 각자 갈 길 가자하

고 돌아서자.

5. 내가 지금 어떻게 살든, 내 여건이 어떻든 '지금부터 바로 행복하자!' 하고 외쳐보자.

6. 세상에 나와 다른 똑똑하고 얍삽한 사람들을 부러워하거나 미워하지 말자. 오히려 그들에게서 배울 건 배우자.

7. 세상에는 성격과 행동 방식이 다양한 사람이 산다는 것을 잊지 말자.

8. 지금까지 겪은 시행착오들은 값진 경험이라고 생각하자.

9. 훌륭한 의사가 되고 멋진 엄마로 살고 있는 나 자신을 칭찬하자. 쉽지 않은 일을 해냈으니까.

10. 앞으로는 무엇이든 마이웨이 정신으로 내 맘대로 한 번 살아보자.

나는 열거한 이 항목들이 진정한 '착한 이기주의자'의 모습이라고 생각한다. 이 항목들을 보고 혹자는, '당연한 건데 왜 이리 심각하게 다짐까지 하고 그럴까?' 하고 의아스러워 할 수도 있다. 그러나 착한 사람들은 알 것이다. 이 말들이 얼마나 가슴에 와 닿는 것들인지. 그리고 몸으로 실천하기 위해서 크나큰 용기를 내야 한다는 것을.

그동안 내 인생과 타인의 인생을 끊임없이 비교하며 내 인생을 탓하고 부정적인 생각으로 늘 살아왔던 것을 기억한다. 그러나 이제는, 과거에 끊임없이 했던 부정적인 생각들이 더 부정적인 삶을 끌어당겼었다는 것을 잘 알고 있다. 그래서 이제는 철저히 부정적이고 암울한 생각을 버리고, 긍정적인 좋은 상상만 하며 살려고 한다. 그러면 행복한 미래를 끌어당길 수 있으니까 말이다.

누군가는 이 열 가지 결심을 보고 나를 비웃을지 몰라도, 나는 창피하지 않다. 내가 행복해지려고 다짐하는 건데 누가 뭐라고 한들 뭘 상관인가. 나는 나고 너는 너니까, 네 인생이나 잘 사세요.

07

싫다면 하지 않아도 됩니다

"삶에서 겪는 문제의 절반은 '예'라고 너무 빨리 이야기하고, '아니오'라고 충분히 빠르게 이야기하지 않는 것에서 생긴다."

19세기 마크 트웨인을 잇는 작가 조시 빌링스가 한 유명한 말이다. 제때 '아니오(No)'라고 말하지 못해서 겪는 인생의 문제들이 많다는 얘기다. 그러나 이것이 참 어렵다. 좋을 때 좋다고 말 못하고, 싫을 때 싫다고 말 못하는 착한 사람들이 참 많다. 내가 조금만 더 참고 조금만 더 양보하면 세계 평화가 잘 유지될 것 같은 착각에 쉽게 빠지는 사람들이다. 이웃사촌과 사이좋게 잘 지내는 게 좋다고 어린 시절부터 세뇌 교육을 받

112   착한 이기주의자 선언

아온 한국사회의 현실도 무시할 순 없다.

나 역시 사람들과 두루두루 잘 지내는 게 좋은 거니까, 내가 한번은 양보하지 뭐 하는 마음으로 수십 년을 살아왔다. 그러나 어느 날 문득 '그럼 나라는 존재는 뭐지?' 하는 생각이 들었다. 그리고 '그렇게 살아와서 지금 나에게 남은 건 뭐지?' 하는 생각도 들었다.

직장 안에서나 가족 내에서 가는 게 있으면, 오는 것도 있어야 서로 상호협조적인 관계가 된다. 그러나 만약 한쪽만 주고 다른 한쪽은 주지 않는다면, 그건 '착한' 사람이 아니라 '호구'가 되는 것이다. 상대방에게 '싫다'라고 말할 수 있으려면 먼저 나 자신을 돌아보고 내 감정에 더 귀를 기울여야 한다. 그리고 나서 내 감정을 솔직하게 표현하고 소통해야 한다. 내 감정을 스스로 솔직하게 받아들이고, 그것을 그대로 표출하는 일, 그것이 우리의 할 일이다.

우리의 삶은 인간관계에 있어서, '예스'로 대부분 살고 어떤 특수한 상황에만 어쩔 수 없이 '노'라고 하며 살아야 되는 줄 안다. 내가 '노'라고 말하면 상대가 상처받을까 봐 염려스럽기 때문에, '싫다'고 말하기를 매우 망설이고 힘들어 한다. 그러나 실상은 그 반대다. 삶의 기본 모드는 바로 '노'라고 말하는 '싫어요'이다. 가끔 기분이 좋거나 조건이 좋을 때만 '예스'라고 하면 되는 것이 인생의 기본 틀이다.

내가 싫다고 말하는 것이 무슨 큰일이 나는 듯 느껴지지만, 실제로 나와 상대의 관계는 우려했던 것만큼 크게 악화되지 않으며 상대방도 그렇게 크게 상처받지 않는다. 오히려 결국 둘의 관계에 필요한 것이었음을 알게 된다.

병원에서 봉직의로 근무하면서, 계약내용과 다른 일을 요구받는 일이 더러 있었다. 병원 마케팅을 위해 영상촬영에 동참해달라 한다든지, 다른 지점에 출근을 해달라 한다든지 하는 것들이다. 일부는 부탁을 들어주기도 했지만, 도저히 싫은 것은 거절을 해야 했다. 나에게는 거절하는 것이 정말 힘든 일이었다. 그래서 맘속으로 이런 저런 이유를 생각해내서 어떻게 말해야 가장 좋은 말로 거절할 수 있을까 머리를 싸매고 고민을 했던 적이 많다.

또는 어떤 모임이나 학회에서 임원진을 맡아달라는 부탁을 받은 적도 있다. 나는 경험도 별로 없고 사람들과 두루두루 연락을 잘 하는 편이 아니었기 때문에 너무나 자신이 없고 하기가 싫었다. 그러나 마찬가지로 어떻게 거절을 해야 하나 많은 고민을 했다.

계약 사항을 벗어난 근무 조건은 계약 내용을 들어 거절할 수 있을 것이다. 그러나 대부분의 문제들은 딱히 이유가 없이 그냥 싫은 경우가 많다. 내가 더 이상 손해 보기 싫어서일 수도 있다. 그럴 때 괜히 다른 말로 둘러대거나 말도 안 되는 이유를 들어가면서 거절할 수는 없는 노릇이다. 이럴 때 우리는 자신의 감정에 솔직해야 하고 상대에게도 솔직하게 표현해야 한다. 나도 이런저런 일을 겪다보니 이제 배 째라 정신이 생겼나보다. 이제는 그런 일이 있을 때 바로 이렇게 얘기한다.

"아, 그건 제가 정말 싫어하고 안 하기로 마음먹은 일이기 때문에 절대 할 수가 없습니다. 안 하겠습니다."

그래도 저쪽에서 재촉하면 다시 한 번 말한다.

"아, 그래도 저는 그것이 제 스스로 정한 원칙이라 도저히 힘들 것 같습니다. 죄송합니다."
라고 말이다.

솔직히 말해서 내가 싫으니까 싫은 거지, 다른 이유가 뭐 있냔 말이다. 또 이런 것도 있다. 그 사람의 부탁을 들어줄 만해서 들어줄 때도, 그냥 바로 해줘서는 안 된다. 일단 먼저, '생각을 해보고 결정하겠습니다. 시간을 좀 주시겠습니까?'라고 말을 해야 한다. 그렇게 한 뒤 일정 시간이 지나서 부탁을 수락해야 한다. 이렇게 하면, 상대방은 더욱더 고마워 할 것이고, 다음에 또 부탁할 일이 있더라도 더 조심스러운 태도를 보일 것이다.

이런 말들도 있다.

"당신의 부탁을 제가 굳이 들어드려야 할 이유가 있을까요? 있다면 솔직하게 말씀하셔도 됩니다. 정당한 이유가 있거나, 아니면 저에게 돌아오는 무언가가 있다면 긍정적으로 생각해보겠습니다."

"제가 예전에 그런 일을 다 받아주었더니 너무 힘들고 손해를 많이 봤던 경험이 있었습니다. 그래서 이제는 그러지 않기로 결심했습니다. 죄송하지만 당신의 부탁을 들어드리기가 힘들겠네요."

더 나아가 계속되는 부탁에 쐐기를 박고 싶다면,
"제가 자신 없고 꺼려지는 일을 굳이 억지로 할 필요는 없을 것 같습니다. 제가 억지로 해봤자 잘 될 리가 없지 않습니까? 혹시라도 다음에 또 같은 부탁을 하지는 않으시겠지요?"라고 하면 좋다.

어떻게 보면 싸가지가 없게 들릴 수도 있다. 그리고 착하고 여린 사람은 이런 말하기가 참 어려울 것이다. 나 역시 이런 말들을 하려면 많은 용기가 필요하고 아직도 여전히 심장이 쿵쾅쿵쾅 요동을 친다.
그러나 우리는 용기를 내야 한다. 남에게 쓴 소리도 할 줄 알고 매몰차게 거절할 줄도 알아야 한다. 평소에 예스(Yes)였다가 어쩌다 노(No)가 아닌, 평소에 노라고 하고 어쩌다 예스로 사는 마인드를 삶의 기본으로 삼아야 한다. 처음에는 적응이 안 될 것이다. 내가 나쁜 사람이 되어가는 것 같고, 이 사람 저 사람에게 실망을 안겨 나 자신이 결국 외톨이가 될 것 같은 두려움에 빠지기도 할 것이다. 어쩔 땐, 나 자신이 점점 쌈닭이 되어가나 싶기도 할 것이다.

그러나 실상은 그렇지 않다고 굳게 믿어보자. 내가 염려한 것처럼, 세계 평화는 그렇게 쉽게 무너지지 않는다. 또한 나의 인간관계도 쉽게 파탄나지 않는다. 오히려 나의 그런 단호한 모습에 사람들이 나를 만만하지 않는 사람으로 보게 되고, 나의 값어치를 더 높일 수도 있을 것이다. 그리고 나의 자존감도 올라가고 그 어떤 갑작스러운 일이 닥쳐도 현명하게 대처할 수 있는 자기방어력이 생길 것이다. 이것이 바로 행복하고 착한 이기주의자의 모습이다.

앞의 거절하는 말들을 가만히 들어보면, 아주 예의바르고 정중한 말투라는 것을 알 수 있다. 그리고 간결하고 명료하게 내 솔직한 마음을 표현하고 있다. 절대 화를 내거나 흥분하면 안 된다. 흔들리지 않는 온화한 표정으로 정중하게 거절 의사를 표현한다면 의외로 상대방의 기분도 그리 나쁘지는 않을 것이다.

중요한 건 바로 내 감정을 솔직하게 먼저 바라보자는 것이다. 내가 싫다면 싫은 것이고 억지로 하며 살 필요는 없다. 이것을 바로 상대방에게 표현하면 그만이다. 용기를 내자. 싫다면 안 해도 된다.

3장

이제부터는
내가 원하는 대로
살겠습니다

01

미안하지만 나를 먼저 생각하겠습니다

　박노해 시인은, 그의 삶의 자세와 지혜가 담긴 『걷는 독서』라는 책에서, "누구에게나 좋은 사람은 자신에게도 세상에도 좋은 사람이 아니다." 라고 말했다. 우리는 인정 욕구를 지키려고 매사에 타인의 생각과 감정을 신경 쓰느라 정작 내가 하고 싶은 행동을 할 수 없게 된다. 내 인생을 남의 인생에 맞추다 보면 점점 몸과 마음이 지치고 힘들어지게 된다.

　친구 사이, 연인 사이, 가족 내에서 모두 상대방에게 모든 걸 맞추느라 정작 나 자신을 돌아볼 여유가 없을 때가 있다. 당신은 친구에게, 연인에게, 가족 구성원에게 '내가 맞춰줄게.', '내가 다 따라갈게.'라고 말한 적이 한 번이라도 있는가? 있다면 왜 이런 말을 하게 되는 걸까?

착한 사람은 타인에게 좋은 사람으로 남아야만 자신의 존재감을 느끼기 때문에, 기분 나쁜 일이 있어도 참고 희생을 하게 된다. 계속 약속 시간에 늦는 친구를 똑같이 계속 기다리면서, '난 괜찮아. 내가 기다리면 돼.'라고 말하는 사람이 있다. 또는 내키지 않는 모임을 나가고, 술도 못 먹으면서 끝까지 술자리를 지키는 사람도 있다. 외로운 게 싫어서, 연인에게 버림받지 않으려고 스스로 '을'이 되어 '난 괜찮아. 내가 다 맞춰줄게.'라고 말을 하지는 않는가?

이렇게 나 자신은 뒷전이고, 상대방 위주로 살게 되면 과연 나는 행복한가? 아닐 것이다. 인정받으려고, 사랑 받으려고 이런 삶을 계속 산다 해도 결국 나에게 돌아오는 것도 없고, 나의 삶은 행복하지도, 만족스럽지도 않게 될 것이다.

이런 말이 있다.

"나 혼자 있을 때 외롭지 않아야, 같이 있어도 외롭지 않다."
"더 사랑하면 덜 사랑받는다."

애정 결핍이 있거나 인정, 사랑에 대한 욕구가 큰 사람은 사랑하는 이에게 의존적이 되기 쉽다. 의존하는 것과 의지하는 것은 엄연히 다르다. 의존하는 것은 자신의 전부를 상대방에게 내맡기고 매달리는 상태를 의미한다. 가족이나 연인에게 의존적이 되면, 그만큼 돌아오는 것이 없을 경우 상처를 받거나 화가 날 수도 있다.

의지하는 것은 다르다. 자신의 일과 결정에 대해서 스스로 책임을 다하되, 도움이 필요하면 상대방에게 마음을 열고 어려운 점을 의논한다거나 도움을 요청할 수 있는 상태를 말한다. 착한 사람들이 의지가 약한 것은 아니다. 그러나 버림받을까 봐, 착한 사람으로 인정을 못 받을까 봐 마지못해 상대방에게 계속 져주면서까지 곁에 있고 싶어 한다는 것이 문제다.

정신과 전문의 양창순 선생님의 책 『나는 외롭다고 아무나 만나지 않는다』에는 다음과 같은 글귀가 나온다.

"누군가를 사랑할 때 '필요해서 사랑하는 것'과 '사랑해서 필요로 하는 것' 사이에는 커다란 차이가 존재한다. 필요해서 사랑하는 사람의 경우, 의존 욕구와 인정 욕구가 강해서 지나친 관대함으로 나타나거나 그것을 사랑으로 착각하기도 한다."

이 책에서는 결국 중요한 것은 자기 자신을 소중하게 여기는 마음이라고 말하고 있다. 세상의 모든 것은 내가 있을 때만 존재한다는 사실을 깨달아야 한다. 다른 사람의 생각과 말에 지나치게 신경 쓰느라 나의 소중한 시간과 에너지를 더 이상 낭비하지 말자. 내가 힘들고 상처받는 건 어쩌면 내가 자처한 일일 수 있다. 내 마음을 나 스스로가 어지럽게 만들고 있는 건 아닌지, 우리는 늘 자신을 뒤돌아보아야 한다.

나의 시선을 타인에게 두지 말고, 나 자신에게로 돌리자. 지금 내가 하는 행동이 자신을 소중하게 여기는 것인지 늘 생각해볼 필요가 있다. 내 눈이 볼 수 있는 것, 내 귀가 들을 수 있는 것, 내 손이 할 수 있는 것, 내 머리가 생각할 수 있는 것에 집중하자. 그리하여 내가 할 수 있는 것을 더 발전시키고 성숙해지도록 하는 데에 더욱 힘쓰자.

나를 발전시킬 수 있는 것은 가족도 연인도 친구도 아니다. 바로 자기 자신이다. 나의 마음이 점점 커가고 생각하고 행동하는 것이 성숙되면, 다른 이의 인정은 필요치 않게 되고, 누군가가 불가항력적으로 나에게 상처를 준다 해도 나는 흔들리지 않게 될 것이다.

착한 사람이 세상을 살면서 강하게 느끼는 것이 있다.

"왜 나는 맨날 호구 취급당하고 상처만 받을까?"

"저 여시 같은 사람은 별 노력도 안하는데 왜 받기만 하는 것일까?"라고 하는 것이다. 헌신만 하면 헌신짝 된다 했다. 더 사랑하는 사람이 덜 사랑받게 된다고 한다. 나는 늘 나 자신이 곰 같은 여자라서, 여우같은 여자들에 비해 매력이 떨어진다는 콤플렉스를 가지고 있었다. 그래서 늘 다른 여자들이 여우같은 말과 행동을 어떻게 하는 것인지 궁금해 하고 나도 따라하고 싶었다. 그런데 그것은 아무나 할 수 있는 것이 아니었다. 천성적으로 문제가 있는 건지 경험을 안 해봐서 그런 건지 모르겠지만, 도저히 따라 할 수가 없었다. 가까운 지인에게 물어봐도 나보고 포기하라고 했다.

나는 착한 딸로 자랐고, 열심히 공부해 의사가 되었고, 여태껏 열심히 일하고 아이 키운 것 밖에 한 게 없는데 왜 이리 항상 외롭고 고달프게 사는 건지 억울한 마음이 들었다. 내가 무슨 죄를 지었기에, 아픈 아이를 낳아 키워야 하고 이혼도 하고 맨날 돈을 벌어오기 위해 개미처럼 일만 해야 하나 싶어 너무너무 억울하고 괴로웠다. 나보다 공부도 안하고 일도 열심히 안하는데도 행복하고 풍요롭게 사는 여자들에게 질투심이 생기고 밉기까지 했다.

나는 점점 자존감이 떨어지고 분노만 쌓여갔다. 그러다 보니 나 스스로가 점점 절망적이고 부정적이 되어가고 있음을 느꼈다. 계속 남과 비교하고 피해 의식에 사로잡혀, 점점 우울해지고 삶의 의미도 모르겠고 기운만 빠져갔다. 결국 다 싫어졌다. 세상이 다 미웠다.

꽤 긴 시간동안 이렇게 분노와 우울감에 사로잡혀 빠져나오지 못했던 때가 있었다. 그러다 어느 순간, 내가 이렇게 계속 살 수는 없겠다는 생각을 하게 되었다. 책을 수십 권 사 읽고 상담실에 가서 상담도 받고, 산으로 들로 미친 듯이 돌아다녔다. 내가 이 세상에 살아남기 위해서는 무엇이든 해야 했다. 유튜브의 마음공부 채널을 열심히 보고 명상도 해보았다.

그러다 어느 날, 나는 유명한 심리학과 교수님인 황상민 선생님이 운영하는 심리상담소를 직접 찾아가기도 했다. 거기서 상담시간 내내 나는 내 인생이 왜 이런지 하소연만 해댔다. 그러나 교수님은 한참 듣고 계시다가, 그냥 한 마디로 나를 제압하고야 말았다.

"뭐가 그리 인생을 헛살았나요. 뭐가 그리 억울한가요. 당신은 그토록 열심히 살았기 때문에 지금 훌륭한 의사가 되어 있고, 두 딸도 이렇게 예쁘게 키워냈지 않나요?"

나는 이 말씀을 듣는 순간 망치로 머리를 얻어맞은 기분이 들었다. 모든 것은 생각하기 나름이었다. 내가 살아 온 인생이 부정적이고 슬픈 것도 많았지만, 다른 면으로 봤을 때, 너무나 잘 살아온 면이 많이 있고, 참 훌륭하게 해낸 것들이 너무나 많았던 것이다. 교수님의 말씀은, 다른 사람과 끊임없이 비교만 하지 말고, 나 자신의 인생에만 초점을 맞추라는 것이다. 그동안 내가 잘해온 것들, 그리고 현재 내가 가지고 있는 훌륭한 능력을 스스로 계속 칭찬하고 더 계발하라는 것이었다.

그리고 교수님은 나에게 스스로의 능력을 사람들에게 많이 알리고 세상에 나아가라고 말씀하셨다. 나 같은 성격은 자꾸만 속으로만 파고들면 편협한 생각만 하느라 시간과 에너지를 허비할 수 있다고 했다.

"남이 뭐라고 하든, 남이 어떻게 살든 무슨 상관이냐구요. 쓸데없는 데 에너지 낭비하지 말고 본인의 좋은 면, 본인의 능력을 자꾸만 자랑하고 내세워야 됩니다."라고 말씀하셨다.

내가 스스로 행복해야 곁에 있는 가족이나 타인도 덩달아 행복하게 됨을 깨달았다. 내가 싫으면 하지 말고, 좋은 것이 있으면 나부터 하고, 내가 살하는 것이 있으면 자랑도 하라는 것이다. 나부터 기분이 좋아야 다른 사람도 챙길 수가 있다. 아무리 사랑하는 가족과 연인이 있더라도, 나 자신이 더 소중하고 가장 먼저여야 한다. 내가 먼저 행복하고 만족스러워야 곁에 있는 가족이나 연인도 나에게로 시선을 돌리고 더 잘해주려고 하게 될 것이다.

사회에서도 마찬가지다. 내 생각을 당당하게 표현하고, 나 혼자 있어도 행복하고 만족스러운 모습을 보여야, 타인들도 그런 나에게 관심을 보이고 잘해주려고 할 것이다. 우리 착한 사람들은 조금은 이기적이 될 필요가 있다. 관심과 초점을 좀 더 나 자신에게로 돌려보자. 내가 나를 사랑해야 타인도 나를 사랑하게 된다.

버트런드 러셀이 쓴 저서 『행복의 정복』이라는 책을 읽어보면, 내가 사랑과 만족스러움으로 가득 차 있을 때 비로소 타인에게 억지로가 아닌 진정으로 베푸는 사랑을 할 수 있다고 한다. 그러면 설사 돌아오는 게 없다 해도 하나도 괴롭지가 않게 된다고 했다. 나 자신에게 좀 더 사랑해주고 잘해줄 때에 비로소 타인을 사랑할 능력이 생기며, 상처받지 않는 단단한 마음 근육도 생김을 꼭 기억하도록 하자.

02

오늘부터 내 삶의 주인으로 살겠습니다

착한 사람이 나를 위한 삶이 아니라 타인을 위해서만 살아간다면, 이 것은 현실에서 '일방적인 헌신'으로 나타나게 된다. 특히 여자들이 더 그 러할 것이다. 전통적인 한국의 여인상은, 어려서는 부모님에게 복종하 고 결혼하면 남편에게, 늙어서는 아들에게 복종하고 의존하는 삶을 산다 고 한다. 누군가에게 무조건 복종하고 헌신하는 삶은 내가 아닌 그들에 게 의존하는 삶이 될 수밖에 없다. 정작 자신의 삶을 스스로 영위해나가 지 못한다. 이렇게 살다간 죽기 전에 허무함만이 남을 것 같다.

옛날 여자뿐만 아니라 요즘의 현실도 별반 다르지 않다. 대부분의 여자들이 결혼과 육아를 위해 직장을 그만두고 경력 단절이 되곤 한다. '주부'라는 '새로운 직장'을 가지게 된 탓에, 또 열심히 아이를 양육하고 열혈 엄마, 열혈 아내가 된다. 그렇게 아이를 대학을 보내고 시집, 장가를 보내고 나면 갱년기가 찾아오고 노년기로 접어들게 된다.

이때 많이들 내적 갈등과 허무감이 찾아온다. 나이가 들면서 호르몬의 변화도 오고, 몸도 예전 같지 않다. 주부라는 직업도 열심히 하고 나니 이제는 쉬고 싶다. 정년퇴직한 남편이 옆에서 밥해달라고 하면 그건 죄를 짓는 것이라 한다. 그토록 진이 빠지는 것이다. 또한 남편과 아이들을 위한 헌신적인 삶만 사느라, 본인을 위한 삶과 경력은 제대로 이루어지지 않았다. 그러니 허무감이 들고 우울마저 찾아오는 것이다. 근래에 황혼 이혼도 점점 늘어나듯이, 여자들도 이제는 자신만을 위한 행복한 삶을 찾아 하나둘 도전하는 모습도 보인다.

나는 전업주부가 아닌 직장맘의 삶을 살고 있다. 의사로서 일도 하고, 집안일도 챙기며 아이를 양육하는 힘든 삶을 살고 있다. 해본 사람은 다 알겠지만 직장맘의 비애는 전업주부 못지않은 고달픈 삶이다. 남자들은 밖에서 일을 끝내고 집에 돌아오면, 여자만큼 집안일에 관심을 갖지는 않는다. 그렇기 때문에 직장맘의 수고와 노력은 초인적인 능력을 요구할 때가 많다.

나 역시 매일매일 직장은 직장대로 힘들고, 집에 돌아오면 남은 힘을 어떻게든 쥐어짜서 또 아이를 챙기는 삶을 살아오고 있다. 큰 아이는 아픈 아이니 옆에서 늘 24시간 대기 상태가 되어주어야 하고, 작은 아이는 작은 아이대로 잘 키워야 하니 해줄 것이 너무 많았다. 열심히 자식 뒷바라지만 했던 부모님 영향을 받아 그런지, 나도 집에 오면 그저 자식 챙기기 바쁘다. 완벽주의 성향에 헌신적인 엄마로 계속 인내하고 헌신하며 살아왔다.

어느 날, 일을 마치고 집에 돌아왔는데, 너무나 몸이 지친 나머지 당장 쓰러져 쉬고 싶은 마음이 굴뚝같았다. 그래도 아이를 돌봐야 하는 현실 앞에서 내 맘대로 할 수는 없는 노릇이었다. 그동안 이런 순간이 있을 때마다 겨우겨우 참으며 아이를 돌봐왔지만, 그날따라 도저히 참을 수가 없었다. 그래서 처음으로 용기를 내어 아이에게 부탁을 해보았다.

"연우야, 엄마가 지금 너무너무 힘들어서 당장 누워서 쉬어야 할 것 같아. 미안한데 네가 자장면이라도 시켜서 언니랑 같이 먹을 수 있겠어? 엄마가 부탁 한번 할게."
"응 엄마. 알았어. 해볼게!"
"진짜 고마워 우리 딸~."

언니가 장애가 있어 스스로 못하니 할 수 없이 동생에게 부탁할 수밖에 없는 상황이었다. 내가 직접 밥을 못 챙겨줘서 미안하기도 했지만, 더 어린 동생에게 언니까지 챙기라고 부탁하기가 쉬운 일이 아니었다. 정말 어렵게 처음으로 부탁해보았다. 그러나 아이가 순순히 부탁을 들어주는 것을 보고 나는 깜짝 놀랐다. 그리고는 생각했다.

"아! 부탁하니까 되는 거였네. 참기만 하지 말고 솔직하게 도움을 요청하면 되는 거였네. 그동안 난 왜 이렇게 바보같이 살았을까."

그동안 바보같이 참고만 산 나 자신이 너무 후회스러웠다. 힘들면 힘들다고 누군가에게 도움을 요청할 줄도 모르고, 혼자서 모든 걸 다 하려고 애쓰기만 했다. 내 몸이 부서지는 것도 모르고, 내가 해야 될 일을 정해놓은 이상, 그것을 완벽하게 다 해내려고만 했다. 이 피곤한 성격 때문에 무조건적인 헌신만 하고, 나란 존재는 서서히 부서져 가루가 되어 훨훨 날아가고 있었다.

사실 내가 병원에서 힘든 수술을 하고 녹초가 되어 집에 돌아오면, 얼굴빛은 어둡고 인상을 팍 쓰고 있는 경우가 많았다. 그러면 "엄마 왔다!!" 하면서 달려 나오던 아이들이 내 모습을 보고는 흠칫 놀라면서 눈치를 보곤 했다. 둘째 아이가 6살 때, 그런 얼굴로 퇴근하는 나의 모습을 보고 눈치를 보며, "엄마, 오늘도 수술했어?" 하고 물어보곤 했던 기억이 난다. 수술이 뭔지도 모르면서 말이다.

어린아이가 눈치를 볼 정도로 나의 모습은 엉망이었다. 그때 거울을 들여다보고 나조차도 화들짝 놀랐더랬다. 피곤과 스트레스에 찌들어 얼굴이 시커메지고 고개와 어깨는 움츠리고 있었다. 표정은 오만 상을 다 찌푸리고 있어 옆에 누가 다가오기 힘들 지경이었다. 이 얼굴로 아이들을 쳐다보고 세상을 살고 있었구나 하는 생각이 들었다. 이렇게 하고 세상을 살 수는 없었다. 나를 회복시키기 위해 무슨 수를 써야 했다.

나는 우선, 체력 단련을 위해 헬스장을 끊어 퍼스널 트레이닝을 받기 시작했다. 일 끝나고 피곤한 몸으로 가기가 쉽지가 않았다. 그렇지만, 울면서 들어가서 나올 땐 실실 웃으며 나오니 이게 무슨 일인가 싶었다. 땀을 많이 흘리고 나니 스트레스가 풀리는 느낌을 받았던 것 같다. 근육도 탄탄해지니 체력도 더 생기는 것 같았다.

그리고 일부러 친구들을 자주 만나 수다를 많이 떨었다. 역시 여자는 입으로 떠들어야 풀리나 보다. 남편 욕, 환자 욕, 딴 여자 욕도 많이 하고, 애들 키우는 얘기, 일 하며 힘든 얘기도 많이 했다. 끝이 없는 여자들의 수다에, 가슴 속에 막힌 것들이 뻥 뚫리는 기분이었다.

병원에서 인턴, 레지던트 수련하랴 젊은 나이에 애 낳고 기르랴 정신 없이 살아온 덕에, 예쁘게 입을 버젓한 옷 한 벌 없다는 것을 깨달았다. 쇼핑과 담을 쌓고 살았던 나는 사회에 나와 내 병원을 개원하고 나서야 옷차림에 신경 쓰기 시작했다. 병원 원장이 돼가지고 다 해진 면바지에 늘어난 라운드 티셔츠라니……. 집 근처 백화점에 가서 오랜만에 쇼핑을 했다. 쇼핑엔 귀차니즘이라 한 매장에 가서 여러 가지를 구매했다. 코디 실력이 없던 나로서는 매장 매니저의 추천만이 살 길이었다. 휴~ 내가 이렇게 살고 있으리라고 누가 상상이나 했겠는가.

운동, 쇼핑, 친구 모임 등 사회에 나와 일한 이후로 거의 처음(?)으로 나만을 위한 시간을 가지게 되었다. 너무너무 즐거웠고 새로운 세계가 열린 듯했다. 사람이 원래 이렇게 살아야 하는 것이었는데, 나는 그동안 나를 위한 무언가를 거의 하지 않고 살아왔다. 내가 즐겁고 힘이 나야 내 가족도 챙길 수 있는 것이다. 내가 맨날 힘들고 찌들어있다면 가족도 그런 나를 옆에서 보기 힘들어 할 것이다. 나를 위해 재충전할 시간을 가지는 것을 아까워 할 일이 아니다. 내가 바로 설 수 있도록 쓰는 돈도 아깝지가 않다. 내가 행복해야 내 주위 사람들도 행복할 것이다.

내 몸과 맘을 해치면서까지 남에게 헌신만 할 필요는 없다. 그리고 내가 힘들 땐 도움을 요청하자. 무조건적인 헌신만 한다고 상대방이 다 고마워하는 것도 아니다. 그냥 나의 헌신을 당연하게 여길 수도 있다. 내가 힘들 때는 힘들다고 표현할 줄도 알아야 한다. 그래야 상대방도 내가 힘든 걸 알게 되고 도와주려 할 것이다.

가수 임상아의 노래 〈뮤지컬〉의 가사가 문득 생각난다.
"내 삶을 그냥 내버려둬. 더 이상 간섭하지 마. 내 뜻대로 살아 갈 수 있는 나만의 세상으로 난 다시 태어나려 해. 다른 건 필요하지 않아. 음악과 춤이 있다면 난 이대로 내가 하고픈 대로 날개를 펴는 거야. 내 삶의 주인은 바로 내가 되어야만 해. (중략) 저 세상의 끝엔 뭐가 있는지 더 멀리 오를 거야. 아무도 내 삶을 대신 살아주진 않아."

나는 더 이상 눈치 보며 살지 않겠습니다

어느 날, 병원에 50대 후반의 아주머니가 내원했다. 홍조와 기미 치료를 위해 내원했는데, 홍조 증상은 10여 년 전에 진단받고 타 병원에서 정기적으로 레이저 치료를 받고 있다고 했다. 지금은 그나마 많이 호전된 상태라고 했지만, 내가 보기에 아직도 얼굴 전체가 불그스레하니 홍조를 띠고 있었다.

아주머니는 시종일관 미소를 띠고 있었지만, 왠지 모르게 얼굴에 그늘이 보였다. 환자 진료를 하다 보면, 이런 표정을 가진 환자들이 종종 있는데, 이런 환자를 내가 놓칠 리가 없다. 겉으로는 웃고 있지만, 마음속은 엉망인 경우가 많기 때문이다. 누구와 살고 있는지, 자녀는 어떻게 되는지, 취미는 뭔지, 운동은 하는지, 식사는 잘 하시는지 등등 여러 가지를 물어본다. 얼굴을 예쁘게 하기 위해 내 병원에 왔지만, 속이 건강해야 겉모습도 건강하다는 것을 잘 아는 나는, 항상 가족관계, 영양 상태 등을 체크한다.

이 분은, 남편과 살고 있고 자녀는 다 출가해서 이제 편하다고 했다. 고혈압과 고지혈증을 앓고 있었고, 평소에 소화가 잘 안되고 잠도 깊이 못 잔다고 했다. 또한, 항상 손발이 저리며, 수족냉증이 있다고 했다. 약간 통통한 편이었고, 평소에 운동은 안 한다고 했다. 중요한 건, 평소에 다른 사람에게 싫은 소리를 못하는 성격이라고 했다. 상대방에게서 기분 나쁜 말을 들었을 때, 바로 대응을 못하고 집에 와서 속상하고 후회하는 일이 많다고 한다. 집에서도 남편과 자녀들에게, 잔소리나 싫은 소리를 잘 못하고 살았다고 했다.

이 분처럼, 겉으로 남에게 싫은 소리 못하고, 혼자 참으며 속으로 끙끙 앓으면서 사는 사람들이 종종 있다. 어릴 때 엄한 가정에서 자란 사람들이 주로 그런 경우가 많은데, 어른이 되어서도 착한 콤플렉스에 사로잡혀, 맘속에 있는 얘기도 제대로 못하고 자신의 감정을 억누르고 산다. 이것이 만성적으로 지속되면, 자율 신경계의 균형이 깨져 불면증, 소화 불량, 손발 저림, 두통, 이상 발한증 등의 증상이 생길 수 있다. 이러한 경우를 의학적으로 '자율 신경계 이상' 또는 '자율 신경 실조증'이라고 한다. 이 환자의 경우, 이러한 진단이 나올 확률이 높고, 아마도 홍조, 기미도 연관되어 있을 가능성이 높다.

나는 이와 같은 환자를 볼 때마다, 겉모습만 치료할 것이 아니라 속마음도 함께 치료하고 싶은 마음이 강하게 든다. 그래서 자주 대화를 많이 나누고, 가족 얘기, 친구 얘기, 사는 얘기를 많이 하는 편이다. 그러면 환자들이 억눌렸던 감정이 터져 나오고, 속마음을 털어놓으면서, 기분도 좋아진다. 이렇게 되면, 나중에 치료 효과도 더 좋아지는 것 같다. 그리고 무엇보다 환자들이 나를 좋아하게 된다.

환자들은 일단 솔직히 털어놓는 이야기를 잘 들어주기만 해도 많은 도움이 된다. 그리고 자율 신경계의 균형이 깨져 있는 소견이 보이면, 운동하기, 영양 치료 등을 권유하게 된다. 또한, 최근에는 해독 치료의 중요성이 강조되고 있다. 환경이나 음식에서 나온 독소가 우리 몸속에 많이 쌓여 있기 때문에, 피부를 비롯한 여러 장기들에 질병을 일으키는 큰 원인이 된다. 해독을 위해서는, 우선 금연, 금주를 해야 한다. 그리고 가급적 유기농 식품을 먹어야 하고, 흡수율이 좋은 비타민, 미네랄, 유산균 등 영양제를 섭취해야 한다.

최근에는 후성유전학(Epigenetics)이라는 학문이 발달되었는데, 이는 인간이 질병이나 건강에 있어서, 유전자에 이미 정해져 있는 운명을 따르지 않고, 생활 습관 교정을 통하여 질병을 얼마든지 예방하고 치료할 수 있다는 원리의 학문이다. 이 학문에 의하면, 이 세상에서 우리가 건강하게 살기 위해 할 수 있는 방법들이 더욱 다양해진다. 단순히 검진을 통해 질병을 조기에 찾아내는 것을 넘어, 이미 질병이 생겼더라도 약 복용과 함께, 식이요법, 생활 습관 교정으로 난치병도 빨리 호전될 수 있는 희망이 생기는 것이다. 심지어 명상이나 마음공부를 열심히 하면, 우리 몸의 세포에 변화가 생기고, 자율 신경계와 면역 체계의 기능이 회복될 수 있다고 한다.

나는 '끌어당김의 법칙'을 믿는다. 모든 것은 내 생각과 의식에 달려 있고, 행복과 건강도 마찬가지라고 믿는다. 나는 우리 병원에 오는 환자들이 어떤 질병을 가지고 있든, 그 내면을 보고자 노력한다. 왜냐하면, 마음이 병이 들면 그것이 겉으로 나타나는 경우가 많고, 내면이 치유되면 겉모습이 달라지는 경우를 많이 보았기 때문이다.

이 홍조 증세가 있는 아주머니도 마찬가지다. 평생을 남 눈치만 보느라, 하고 싶은 말도 못하고 오랫동안 자신을 억누르고 산 덕에 자율 신경계의 균형이 무너져 있는 전형적인 경우였다. 오랫동안 스트레스를 받으면, 신체에 영향을 줘서 설명할 수 없는 여러 가지 증상들이 생기기도 한다. 심지어는, 실제로 암과 같은 질병이 생기기도 한다. 마음과 의식을 어떻게 가지느냐에 따라, 내가 건강할 수도 있고 안 건강할 수도 있는 것이다.

나는 이분에게, 이제는 그렇게 참고 살지 말라고, 하고 싶은 말 다 하면서 살라고 말씀드렸다. 참는다고 상대방이 고마워하지도 않을뿐더러, 집에 와서 속상하고 끙끙 앓느니 미친 척하고 하고 싶은 말 다 하고 살아야 얼굴도 예뻐진다고 말씀드렸다. 그리고 해독 치료를 위한 식이요법과 함께, 걸으면서 명상하기도 추천해드렸다. 나는 병원에서 피부 질환을 치료하는 사람이지만, 겉모습뿐만 아니라 상처받고 아파하는 내면의 문제도 함께 보살펴드리고 싶다.

또 어떤 내 환자는 이런 경우가 있었다. 이 분은, 우리 병원에서 얼굴에 미용 시술을 받고 며칠 뒤에 친구들과의 모임에 참석하게 되었다. 얼굴에 멍과 부종이 남아 있어, 아직 다 회복되지 않은 채로 모임에 나가게 되었다. 그런데 그 모임에 다녀온 후, 병원에 돌아와서 갑자기 나에게 마구 흥분을 하고 울음을 터뜨리는 것이었다. 친구들이 자기 얼굴을 보고 "이상하다.", "시술이 잘 못 되었다."라고 하면서 험담을 했다는 것이다. 예뻐지려고 병원에 와서 힘들게 시술을 받았는데, 칭찬은커녕 험담만 들었으니 기분 나쁘고 화도 날만 했다. 환자들은 보통 이 경우에, 병원에 와서 화풀이를 하는 경우가 많다. 어디 가서 하소연할 곳도 없으니, 당연히 나에게 와서 화를 내는 게 마땅할 것이다. 마음이 여린 사람들은 화를 내다가 막 울기도 한다. 이런 경우는 우선, 이해해주고 들어주는 게 좋다. 그리고 안심시켜드려야 한다. 아직 부어있고 멍도 안 빠졌는데 당연히 이상해 보이지 않겠느냐고. 재생 과정이 다 끝나면 예뻐질 거라고 여러 번 말을 해주어야 한다.

그런데, 이런 환자들이 점점 많아지는 것 같아 좀 씁쓸한 생각이 들었다. 옛날에는, 시술을 받고 모임에 나가면 다들 부러워서 칭찬도 하고 좋은 얘기만 해주었는데, 요즘은 그렇지 않다. 친한 사이가 맞는 건지 의심스러울 정도로, 이러쿵저러쿵 이상하다고 비난만 듣고 오는 경우가 허다하다. 친한 친구 사이라면서, 왜 이리 헐뜯기만 하는 것일까? 세상이 점점 험악해지는 것 같아 씁쓸한 생각이 든다.

그래서 나는 환자들에게 미리 이렇게 경고해준다. 만약 시술받은 다음 모임에 갔을 때, 시술 잘 했다고 칭찬해주는 친구가 있다면, 그 친구가 진짜 친구라고. 그렇지 않고, 이런저런 꼬투리만 잡고 험담하는 친구는, 질투가 나서 그런 거니까 신경 쓰지 말라고 이야기해준다.

내가 보기에 예뻐지려고, 내가 원해서 시술을 받은 것뿐인데, 다른 모든 사람들에게 꼭 칭찬을 받아야 하는 것일까? 남들이 나를 어떻게 봐줄까 눈치 보지 말고, 나 스스로가 만족하면 되는 것 아닌가? 물론 사람들이 예쁘다고 칭찬해주면 기분은 좋을 것이다. 그러나 부당한 이유로 험담하는 친구가 있다면, 오히려 내가 그 친구에게 떳떳하게 말해야 되는 것 아닐까. "지금 부어 있으니 당연히 이상하지. 지금 너, 나 질투하는 거지?"라고 말이다. 내가 원해서 한 건데 남들이 뭐라고 하든 무슨 상관이냐 말이다.

착하고 마음 약한 사람들은, 마음속에 '내면의 착한 아이'가 살고 있다. 착하고 완벽한 모습만 보여야 하는 데에 전전긍긍하는 내면의 착한 아이. 심지어 칭찬을 못 받으면, 비난받은 것과 마찬가지라는 착각에 빠지곤 한다. 그렇게 내가 주체적인 입장이 되지 못하고 타인 위주로 생각하는 관계는, 오래가면 갈수록 스스로의 영혼을 갉아먹게 된다. 내면의 착한 아이는 이제 밖으로 뛰쳐나와야 한다. 더 이상 다른 사람 눈치만 보지 말고, 착하고 완벽해야만 하는 강박증에서 헤어 나오길 바란다.

미국의 전설적인 록스타 가수였던 커트 코베인이 한 유명한 말이 있다.

"내가 아닌 모습으로 사랑받느니, 차라리 있는 그대로의 내 모습으로 미움 받겠다."

나 자신을 속이면서까지 남들에게 잘 보일 필요가 없다는 것이다. 겉으로 보이는 완벽함이 뭐가 그리 중요하단 말인가. 이제는 남 눈치 보지 말고, 내 속 끓이지 말고, 내가 원하는 대로 할 말 다하고 살기로 하자.

04

자유로운 나로 살기 위한 인간관계 처방전

타인을 신경 쓰지 않는 자유로운 삶을 살려면 어떻게 해야 할까? 타인의 시선과 평가에 목매지 않으려면, 우선 그 칭찬과 인정에 대한 강한 욕구를 내려놓아야 한다. 내가 잘할 수도 있고 잘 못할 수도 있는 한 인간이라는 사실을 인정해야 하는 것이다. 나 스스로가 완벽주의로부터 벗어나서 있는 그대로의 나를 자꾸 받아들이는 연습을 끊임없이 해보자. 고로 나 스스로에 대한 긍정적인 마인드, '자기 긍정'이란 말을 꼭 기억하도록 하자.

나도 인간인데 실수도 하고 시행착오도 겪으며 살아가는 사람이 아닌가. 결과야 어찌됐든, 다른 사람이 뭐라고 평가하든, 나는 나의 선택과 행동에 믿음을 가져야 한다. 설사 결과가 나쁘거나 안 좋은 평가의 말이 들려올지라도, 나의 가치를 결정하는 것은 남이 아닌 오직 나라는 사실을 잊지 말자.

착하고 여린 사람들이 흔히 지나간 일에 얽매여 후회를 하는 습관이 있다. 그러나 '자기 긍정'을 생활화하는 데 매우 방해가 되는 태도이다. 후회스런 과거의 경험들을 자꾸만 되새김질 한다면, 그것이야말로 패배자가 되는 덫에 걸린 셈이다. "그때 내가 이렇게 했으면 사람들이 나를 더 인정해줬을 텐데.", "내가 그때 그런 행동을 해서 그 사람이 상처를 받고 나를 떠나려 하면 어쩌지?"와 같은 생각들이 머릿속에 가득 차 있으면 안 된다. 꼬리에 꼬리를 물고 부정적인 생각의 수렁으로 빠져들기 때문에 자신을 더욱 우울하게 만들 수 있다.

이런 수렁에 빠지지 않으려면, 과거의 나를 나 스스로가 용서하고 이해해주는 과정이 꼭 필요하다. 과거로 다시 돌아가더라도 다시 그런 행동을 할 수 있었다고 스스로를 위안하는 것도 좋다. 또는 반대로 "과거의 내 행동이 뭐가 어때서?"라는 생각을 하는 것도 좋은 방법이다.
과거의 나의 실수가 실제로 그리 크지 않은 걸 수도 있다. 그리고 다른 사람들도 과거의 나의 행동에 대해서 별로 신경 쓰지 않았을 수도 있다. 아무도 알 수 없는 것을 나 스스로 오해하고 꼬아서 생각하는 것이야말로 에너지 낭비다.

이제는 현재만 생각하자. 미래가 어떻게 될까 걱정하는 것도 과하면 독이 된다. 과거, 미래가 아닌 오직 현재에 집중하는 힘을 기르자. 불평과 후회는 시간 낭비다. 현재가 모여 미래가 되는 것이니, 나는 지금 현재의 나만 책임지면 되는 것이다. 현재의 나에 집중한다는 것은 행복하기로 결심할 용기를 갖겠다는 말과 일맥상통하는 말이다.

기시미 이치로가 쓴 그 유명한 『미움 받을 용기』에서는, 초점을 내가 바꿀 수 없는 과거와 타인에게서, 내가 바꿀 수 있는 '현재'와 '자신'으로 바꿈으로써 지금 당장 행복해지는 방법을 제시하고 있다. 이 책에서는 인간관계에서 오는 문제를 해결하는 방법으로 '공동체 감각'과 '과제의 분리'를 제시했다. 즉, 타인에 대한 관심을 가지되(공동체 감각), 개인의 영역(과제)을 침범하지 말라는 것이다. "자유란 타인에게 미움을 받는 것"이고, 남이 어떤 평가를 내리든 마음에 두지 않고 두려워하지도 말라고 얘기하고 있다. 왜냐하면 나의 영역을 존중하는 것이 훨씬 중요하기 때문이다.

만약 내 양심에 따라 상대방에게 이의를 제기했을 때 무너질 정도의 관계라면 그건 이쪽에서 끊어버리면 그만이다. 나에게는 스스로 살아갈 능력이 있다는 믿음을 가지고 자립심을 가져야 한다. 그래야 미움 받을 용기도 생기는 법. 이것이 바로 자유로우면서도 바람직한 인간관계를 이어가는 방법이다.

인간의 삶은 인간관계로 이루어진 것이라 해도 과언이 아닐 것이다. 과거의 환경과 타인과의 관계 속에서 나라는 사람이 만들어져 현재를 살아가는 것일지도 모른다. 모두가 안다. 과거에 받은 상처가 나에게 영향을 끼칠 수 있다는 것을. 그러나 뭐 어쩌겠는가, 이미 지나가버린 것을. 이제 와서 내가 바꿀 수 있는 건 없으니. 그러므로 우리는 지금부터라도 끊임없이 노력해야 한다. 행복해지기 위해 용기를 내야 한다. 내가 바꿀 수 있는 건 오직 현재와 미래뿐이니, 지금 현재의 '나'에게 집중해서 주체적으로 살아갈 용기를 내야 한다.

내가 지친 몸과 절망감으로 우울증에 빠져 몸부림치며 살 때 도움이 된 것은 바로 '명상'이다. 처음에 의사인 나로서는 명상이라는 것에 익숙하지가 않았다. 그러나 그 당시 나는 지푸라기라도 잡아야 할 정도로 힘들었기 때문에 과학적인 증거고 뭐고 다 필요가 없었다. 뭐든지 했어야만 했다. 그래서 무작정 책에 쓰인 대로 눈을 감고 호흡을 했다. 힘들면 산에 가서 걸으며 명상하라고 하기에 시킨 대로 산에 가서 무작정 걸으며 호흡했다.

그렇게 꾸준히 명상을 하며 시간이 흐르니 내 마음이 점점 편안해지는 것이 느껴졌다. 마음과 생각이 여유로워지고 느긋해진 자신을 발견하게 되었다. 명상하고 호흡하는 동안은 세상의 그 어느 것도 생각나지 않는다. 그리고 과거나 미래 또한 생각하지 않는다. 오직 지금 현재의 여기 있는 '나'만 느끼는 순간들이다. 내가 숨 쉬고 걷고 있는 그 자체를 느끼고 있노라면, 마치 내 영혼이 잠시 멀리 떨어져 나 자신을 보고 있는 느낌이 든다. 그리고 나 자신이 느끼는 것들을 '바라보면서', "아, 나는 지금 그런 생각을 하고 있구나. 아, 나는 지금 이런 상태구나." 하고 '인식'하게 된다.

미국의 유명한 방송인 오프라 윈프리는 그녀의 저서 『내가 확실히 아는 것들』에서 고요한 나만의 시간을 가지라고 강조하고 있다. 우리는 살면서 현재의 나에게 집중하는 시간이 얼마나 될까? 우리는 삶의 속도를 잠시 멈추고 지금 나를 있는 그대로 관찰하는 시간을 자주 가져야 한다. 오프라 윈프리는 이렇게 말했다.

"지금 이 순간에는 강력한 힘이 있음을 나는 확실히 안다. 그러한 순간은 재충전의 시간이며, 우리가 숨 쉴 공간이자 나 자신과 다시 이어지는 기회가 된다."
"삶을 황홀한 보물로 가득 채우고 싶다면 그 보물을 감상할 잠시의 시간만 내면 된다."

오후 4시 즈음 차 한 잔의 시간도 좋다. 주말에 1시간 정도 뒷산 산책도 좋다. 아니면 일하느라 정신이 없는 사이에 잠깐이라도 눈을 감고 크게 호흡을 해보자. 꽉 막혔던 머리가 맑아지고 묵직했던 다리가 스르르 풀리는 느낌을 받을 것이다.

명상을 하면 오직 현재의 나에게 집중할 수 있고 오프라 윈프리의 말처럼 어느새 강력한 힘이 솟아나게 된다. 이 힘은 과거의 상처도 이기고, 현재의 괴로움도 이겨낼 수 있는 여유로움이자 느긋함이다. 남들이 무슨 생각을 하는지 상관하지 않게 되고, 이 세상이 어찌 돌아가는지 관심도 없게 된다. 그러면 타인에게 어떻게 보여야 하는지 신경 쓸 필요가 없고 세상에 미운 사람도 없게 된다. 심지어 과거의 나를 이해해주고 용서하게 된다. 가슴으로부터 피어오르는 사랑과 감사를 느끼게 된다. 이 사랑과 감사의 감정이야말로 메말랐던 내 인생이 재충전되어 강력한 힘을 솟아나게 하는 근원이다.

인간관계에 있어 자유로운 나로 살기 위해서는, 나 자신에게 좀 더 집중하고 내 생각과 행동에 대한 믿음을 가져야 한다. 그리고 과거의 나를 용서하고 이해해야 할 것이다. 나에게 무례한 사람이 있으면 도덕적으로 판단하여 할 말은 하고 살아야 한다. 나 또한 과한 오지랖은 금물이다.

그러나 이러한 방법들보다 더 위에 있는 것은 바로 '현재에 있는 나'를 항상 바라보며 사는 자세다. 내가 생각하고 행동하는 것을 매 순간 바라보자. 틈틈이 눈을 감고 고요함 속에서 오로지 현재의 내 모습에 집중해보자. 그리고 크게 호흡해보자. 점점 맘이 여유롭고 진중해지는 것을 느끼게 된다. 더 나아가 내 가슴 속에 사랑과 감사가 피어오르게 된다. 그러면 별로 화도 안 나게 되고 다급함도 사라지게 된다. 심지어는 그 동안의 걱정거리들이 사라지고 창의적인 생각들이 솟아오르기 시작한다.

이렇게 내 마음이 평온해지고 풍요로운 상태가 되면, 다른 사람들이 함부로 나를 만만하게 보지 않게 될 것이다. 왜냐하면 무례한 자들은 자신들이 만만하게 봐도 될 만한 사람을 찾아서 행동하기 때문이다. 나 자신이 스스로를 사랑하고 이해해주어야 한다. 그리고 나의 생각과 행동을 스스로 믿는 자기 긍정 마인드가 있어야 한다. 이렇게 내 맘속에 강력한 힘이 생기면, 과거의 상처가 소용없게 되고 사람들이 나를 함부로 대하지 못하게 된다. 이제 비로소 내 삶은 자유로워지는 것이다.

05

잠깐만요, 이건 내 인생입니다

한국에서 성인이 되기 전 꼭 거쳐야 되는 관문, 그것은 바로 대학 입시, 수능 시험이다. 지금 생각해보면 내 인생에서 대학 입시쯤이야 아무것도 아닌 사건이었지만, 그 당시에는 왜 그리도 이것만 끝내면 인생 다 산 것 같은 그런 느낌이었는지 모르겠다. 그때는 생애를 통틀어 가장 힘든 시련이라고 생각했건만, 세상에 나와보니 웬걸! 대학 입시는 아무것도 아니었다. 그러나 과 선택에 있어서는 웬만큼 인생에 영향을 주었다. 특히 나는 이과였기 때문에 과 선택이 곧 직업과 연결되는 것이었다.

나는 고3 때 건축공학과에 진학하고 싶었다. 만들고 그리고 창의적인 작품 활동에 대한 막연한 동경이 있었나보다. 어려서부터 미술을 하고 싶었지만 아버지가 단칼에 반대하셔서 별로 고집도 부리는 것 없이 오빠, 언니들을 따라 '국·영·수'만 열심히 공부했다. 그러나 대학 진학만큼은 꿈틀대는 나의 꿈을 억누를 수 없어서 담임 선생님과 부모님께 내 의지를 알려드렸다. 그러나 혹시나가 역시나가 되어버렸다. 담임 선생님은 눈을 동그랗게 뜨면서 화들짝 놀라셨고, 아버지는 충격을 받으신 듯했다. 그다음은 뻔하다. 담임 선생님은 의대 갈 성적이 충분히 되는데 여자가 왜 그런 과를 가냐고 하셨다. 아버지는 약국 문을 닫고 한달음에 달려와 나를 데리고 삼천포 바다로 데리고 가셨다. 거기서 멋진 횟집을 데려가 내가 좋아하는 싱싱한 활어 회를 사주시면서 의대를 가야 한다고 설득하기 시작하셨다. 장장 세 번에 걸쳐 횟집을 가고 나서 나는 아버지의 설득에 넘어가고 말았다. 그놈의 회가 뭔지……

　의대를 진학한 뒤 정신없이 공부하고 졸업하고 일하고 결혼하고…. 정신없이 살다가 문득 정신을 차려보니 애 키우랴, 돈 벌랴 정신없이 사는 40대 아줌마가 되어 있었다. 그리고 몸이 많이 지치고 모든 것이 재미없어지는 것을 느끼고 있었다. 병원 경영에 대한 스트레스와 환자 진료를 하며 겪는 스트레스들이 쌓여 점점 의사로서의 일도 보람이 없어지는 듯한 느낌이 들었다. 병원 경영을 하면서 아픈 큰 아이도 키우고, 남편과도 사이가 나빠져 수년간 너무나 힘든 시절을 보냈다. 견디고 견디다 못해 결국 이혼의 과정을 겪으면서 연이어 병원 또한 문을 닫고 말았다.

가끔 생각한다. 내가 만약 의대를 안 가고 다른 과를 갔으면 지금 과연 어떤 삶을 살고 있을까? 의사라는 직업은 안정적인 직업인 건 사실이고 개미처럼 일만 하면 먹고 살 걱정은 안 해도 되는 직업이긴 하다. 보람도 있는 직업이다. 다행히 나는 내 특기를 살려 미용 의학을 하고 있으니 재미도 있으며, 실력도 인정받으니 내 적성에 잘 맞다 생각을 하고 있다. 그러나 의료 현장에서 현실적인 문제에 부딪칠 때마다 나는 다른 의사들에 비해 더 많이 힘들어하는 것 같다. 다른 의사들은 그러려니 하면서 묵묵히 일하는데, 나는 자꾸만 내가 왜 이렇게 살아야 하지? 하는 의문이 든다. 나에게 안 맞는 건 아닐까? 하고 깊은 고민에 빠지곤 한다.

내 꿈은 무엇이었을까? 학창시절 나의 꿈은 언제나 현모양처였다. 또다른 한편으론 예술적인 감각을 좋아서 미술도 하고 싶었다. 그럼, 그림 그리는 현모양처가 꿈이었던가? 그러나 단순한 꿈이 아닌 내가 잘 하는 소질을 보면, 다른 사람 앞에서 강의를 하거나 가르치는 일을 잘 했던 것 같다. 중학교 시절부터 교단 앞으로 나가 친구들을 가르쳤는데 정말 기분이 좋고 친구들로부터 칭찬도 많이 받았다.

나는 의사 일을 하면서, 가끔 소규모 세미나에서 라이브 강의를 하거나 큰 학회에서 강의를 할 때가 종종 있다. 사람들(의사들) 앞에서 강의를 할 때 무척 떨리기도 하지만, 나의 지식이나 노하우를 자신 있게 발표하는 나 자신의 모습을 볼 때마다 정말 뿌듯한 감정을 느꼈다.

우연한 기회에 〈한국책쓰기강사양성협회〉를 알게 되어 김태광 대표님의 가르침을 받고 처음으로 책을 쓰게 되었다. 처음엔 책을 쓰려고 하지는 않았다. 그러나 책을 쓰면 사람들 앞에서 강연가로서의 길이 열린다는 가르침에 바로 결심을 하게 되었다. 그리고 생각했다. 내가 과연 마음속 깊이 원하는 삶이 무엇인지를. 사람들 앞에서 나의 삶의 경험과 지혜를 나누고, 사람들이 나의 진정성 있는 강연에 감동을 받는다면 얼마나 좋을까 상상해보았다. 그렇게 되면 너무너무 행복할 것 같았다.

내가 책을 쓴다고 했을 때 주위의 많은 사람들이 의아스러워 했다. 의사로서 잘 살면 되는데 뭐 하러 다른 분야의 책을 써서 강연가가 되고 싶어 하는지 탐탁지 않게 생각했다. 그러나 나는 "그러면 어떠랴! 내가 하고 싶은 것을 하는데 누가 뭐래?!" 하고 생각하며 신경 쓰지 않기로 했다.

지금까지는 부모님과 학교 선생님 말씀에 따라 살았고, 성인이 되어서도 나에게 덩그러니 주어진 삶을 그대로 인내하며 살아왔다. 남들처럼 공부 열심히 하고 내 전공대로 열심히 일하며 살아야 되는 줄 알았다. 정작 내 마음속 깊은 곳에서 들려오는 목소리는 들을 줄 몰랐다. 그러나 인생은, 돈을 많이 벌고 남들 부러움을 사며 사는 것만이 중요한 삶의 목표는 아닐 것이다. 진정으로 중요한 것은 정말로 내가 원하는 일을 하며 사는 것이라고 생각한다. 나는 늘 생각한다. 지금 이 순간, 내가 진정으로 원하는 것이 무엇인가? 내 가슴 속에서 피어오르는 진정한 나의 꿈은 무엇일까?

나는 살면서 두 가지의 큰 결심을 한 적이 있다. 하나는 이혼이고, 또 하나는 병원 폐업이다. 절대로 쉬운 결정은 아니었다. 수년간 참고 참다가 도저히 이건 아니다 싶어서 내린 결정들이다. 결정하기 직전에 가장 중요하게 생각한 것은 바로 '나의 인생, 나의 건강'이다. 힘든 결혼 생활을 견뎌가며 끌고 가기엔 너무나 억울한 생각이 들었다. 내 인생은 아무도 대신 살아주지 않는 것이다. 내 인생을 결정하는 건 바로 나밖에 없다. 그래서 착하고 여린 나로서는 정말로 큰 결정을 내렸고 소송을 통해 이혼을 하게 되었다. 물론 부모님은 착한 딸의 처음 있는 도발에 너무나 큰 충격을 받으셨다. 많이 말리셨다. 그러나 힘들게 결정한 나의 결심을 바꿀 수는 없었다. 나는 처음으로 부모님 말씀을 거역하고 내가 원하는 삶을 찾아 앞으로 나아갔다. 그 과정이 너무나 고통스러웠지만, 더 밝은 나의 미래를 꿈꾸며 참고 또 참았다.

이혼의 과정도 힘들었지만, 그 이후 수년 동안 또 다른 고난이 이어졌다. 여자 혼자 아이 둘을 키우며 살아간다는 것이 이렇게 힘들 줄은 미처 몰랐었다. 나는 떳떳하게 자유로운 삶을 살고 싶었지만, 사람들의 시선은 그렇지 않은가 보다. 내가 좀 형광등 성격인지라 약간 다행이긴 했지만, 그런 나도 가끔씩 무례한 일을 당할 때마다 상처를 입곤 했다. 그래도 이혼은 정말 잘 한 것 같다. 정말 나랑 안 맞고 나의 발목을 잡는 사람이라면 끊는 것이 백번 나은 것이다. 차라리 혼자가 낫지, 곁에서 도움도 안 되고 내 영혼을 갉아먹는 사람은 바로 인연을 끊어야 옳다.

10년을 경영하던 병원을 문을 닫은 것은, 여러 가지 이유로 인해서 건강이 급속도로 나빠졌기 때문이다. 병원을 키워내느라 무리하게 몸을 쓰는 시술을 많이 했다. 그리고 아픈 아이를 키우느라 많은 스트레스를 받았고 우울증도 겪었다. 그러니 직장에서도 힘들고 집에 가도 휴식이 없었다. 남편은 경제 관념이 없었고 나의 일이나 육아에 호의적으로 도와주지 않았다. 물론 그도 나름 이유가 있었을지도 모른다. 본인도 힘든 점이 많았을 것이다. 나의 잘못이 하나도 없었다는 것은 아니다. 그러나 결국 우리는 서로 안 맞았다.

이렇게 집 안팎으로 힘들고 스트레스만 받으니 나는 남들보다 빠른 속도로 에너지가 고갈되어갔다. 이 상황을 극복하고 더욱 건강해지려고 무진 애를 썼다. 운동, 상담, 약물 치료 등등. 그러나 병원 경영 스트레스, 환자 진료 스트레스, 집안 스트레스들은 내가 계속 감당하기엔 점점 역부족이 되어갔다. 나는 드디어 뻗어버렸다. 번아웃(Burn-out)이 됐던 것이다. 이혼을 하고 2년을 더 견디다 결국 건강의 회복을 위해 과감하게 병원 폐업을 했다. 진짜 그렇게 하지 않으면 죽어버릴 것 같았다. 내가 죽으면 아이들은 누가 키우나 생각하니 차라리 병원 문을 닫고 내 건강을 먼저 회복시키는 것이 낫겠다 싶었다. 잘 되던 병원이라 주위에서 많이 말렸지만 나는 미련 없이 문을 닫아버렸다.

이혼과 병원 폐업 둘 다 후회는 없다. 나는 나를 믿기로 했고 이제는 타인의 말에 흔들리지 않고 내 맘대로 살고자 했다. 카카오톡 프로필에 내가 가장 좋아하는 문구를 올려놓곤 한다.

"언제나 내 마음은 옳다."

그렇다. 내 마음 깊숙이 있는 진정한 나는 모든 것을 알고 있다. 내가 진정으로 원하는 것이 무엇인지를. 그리고 내 마음속 진정한 내가 말하는 것을 따라가면 진실로 행복한 삶이 펼쳐질 것을. 누가 뭐라던 상관없다. 내가 원하는 대로 살 것이고, 나를 사랑하는 사람들이라면 이런 나의 삶을 이해해줄 것이라 믿는다.

미래는 알 수 없는 것이다. 내가 원하는 대로, 내가 하고 싶은 것을 마음껏 의욕적으로 실행하면, 지금까지 이뤄놓은 것보다 훨씬 더 성공할지 누가 알겠는가. 나의 영혼이 영계에서 이 지구라는 별에 내려올 때, 내가 원하는 삶을 살기 위해 모든 걸 스스로 선택해서 내려온다고 한다. 그러면 이왕 이 지구별에 내려온 것, 내가 하고 싶은 일을 마음대로 하며 사는 행복한 착한 이기주의자가 되어야 하지 않을까.

용기를 내자. 내 인생은 나의 것. 그 어느 누구의 삶도 아니다. 남이 뭐라 하든, 내 가슴속 깊이 피어오르는 진정한 나의 목소리를 들어보자. 실패를 해도 좋다. 다 경험이다. 이 세상에서 나는 수많은 경험과 지혜를 터득해서 더욱더 수준 높은 영혼이 될 것이다. 나에게 시련을 준 모든 이들을 사랑하자. 왜냐하면 그들을 통해 나는 더욱더 업그레이드될 것이기 때문이다. 눈을 감고 숨을 크게 쉬어보자. 내 가슴속의 따뜻한 사랑과 감사를 느껴보자. 세상에서 제일 멋진 나의 영혼을 축복해보자.

06

이제 그만, 여기까지 하시죠

병원을 개업한 초기에는 환자 수를 늘려야 하기 때문에 여러 가지로 고군분투 한다. 그렇다보니 하나둘 진상 환자가 나타나도 그냥 다 져주고 뭐든지 받아주는 경향이 있다. 그때는 진상 환자에게 시달리는 스트레스보다 병원을 키워나가는 데에 온 신경을 쓰는 것이 더 컸던 터였다. 그렇기 때문에 하루 이틀 기분 나쁘고 그냥 넘어가곤 했다. 그러나 점점 병원이 자리를 잡아가면서 이런저런 환자들이 늘어가면서 역시나 진상 환자도 늘어만 갔다.

특히 내 건강이 악화되고 이후부터는 더욱 견디기가 힘들어졌다. 병원 문을 닫기 직전에는 병원 문이 열리는 소리, 걸려오는 전화벨 소리만 들려도 심장이 두근두근했다. 그리고 가끔 쓰러질 것 같은 충동을 느끼곤 했는데, 나중에 알고 보니 공황장애의 초기증상이었다. 번아웃(Burn-out)과 공황장애가 같이 오니 도저히 환자를 진료할 수 없을 지경이 된 것이었다.

내가 이렇게 환자를 보기가 힘들어진 데는 다 그 이유가 있다. 병원이든 미용실이든 백화점이든 어딜 가나 진상 고객은 있기 마련이다. 그런데 나는 나를 힘들게 하는 환자가 있을 때 다른 의사들보다 상처를 더 크게 받는 것 같다. 나는 모든 사람과 사이좋게 잘 지내야 하는 착한 사람 콤플렉스가 있다. 그 때문에 환자와도 가급적이면 좋은 관계로 잘 지내려고 노력했다. 그런데 이러한 친절하고 친근하게 다가가는 정도가 다른 의사보다 좀 과한 것 같다. 지금 생각하면 진료 현장에서는 어느 정도 중립적인 입장이 훨씬 낫다는 것을 알고 있지만, 그때 나는 환자들에게 무조건 잘해주려고 최선을 다하며 살아왔던 것이다. 그런데 내 기대와는 달리 아무리 노력해도 친해지기는커녕 말도 안 되는 이유로 나를 공격하는 환자가 하나둘 생겨났다. 어쩌다 이런 도무지 말이 안 통하는 진상 환자가 한 사람 생기면, 나는 세상이 무너질 것 같은 큰 스트레스로 입에 거품을 물고 쓰러질 지경이 되는 것이다.

"도대체 내가 뭘 잘못했지? 난 정말 억울해!"
"나는 잘해주려고 그렇게 애썼는데 나한테 고마워해야 맞지, 별것도 아닌 것 가지고 왜 나한테 퍼붓는 거야?"

"내가 그동안 잘해준 노력은 다 헛수고가 되는 건가?"
"왜 이렇게 세상엔 이상한 사람들이 많아지는 걸까?"

나는 이런 환자가 한 명만 생겨도 너무나 상처받고 절망적이 되는 것 같다. 한 명 한 명 그렇게 애써서 돌보고 치료하는데 그만큼 배신감이 크게 느껴졌다. 다른 원장님들에게 어찌해야 하는지 물어보면, 그냥 참는다, 같이 화낸다, 돈 주고 보내버린다, 끝까지 버틴다 등등 여러 가지 반응이었다. 그러나 나는 단호하게 말할 줄도 모르고 화낼 줄은 더더욱 모르는 성격이다. 그리고 속으로 너무나 큰 상처에 감정을 추스르지 못하고 제대로 된 대답도 못 하는 상황이 더 많았다.

그렇게 수년 동안 병원을 운영을 해보니 이제는 병원 운영 스트레스보다 환자 스트레스가 점점 더 많아지는 것을 느꼈다. 병원을 지속하려면 이제는 좀 무뎌지거나 쌈닭이라도 돼서 같이 싸울 줄도 알아야 하는데, 착하고 여린 성격의 나는 극복하지 못한 채로 꾸역꾸역 억누르고만 지냈다. 점점 건강도 망가지고 마음도 지쳐 병원 문을 닫을까 망설이게 되었다. 그러던 어느 날, 또 사건이 터지고 말았다.

실리프팅 시술을 받은 50대 아주머니가 있었다. 시술 후 2주일 뒤에 경과를 보러 왔을 때도 만족스러워서 웃고 가셨던 분이었다. 그런데 신경을 써서 그런지 어느 날 입가에 헤르페스 수포가 올라온 것이었다. 이것은 시술과는 관계없이 면역력이 잠깐 떨어졌을 때 얼마든지 올라올 수 있는 바이러스 질환이다. 그런데 문제는 그 남편이었다. 시술한 얼굴은 잘 아물고 있는데, 남편은 입가에 물집이 올라온 것을 가지고 뭐 하러 쓸 데없는 시술을 받아서 이 지경이 되었냐고 호통을 쳤다는 것이다. 그러자 그 아주머니 환자는 병원에 와서 난리를 치기 시작했다. 시술이 잘못되었다는 둥, 부작용이 생겼다는 둥 온갖 짜증을 내고 화풀이를 해댔다. 정말 저번 때와는 전혀 다른 사람으로 돌변해서 소리를 지르는데, 나는 너무나 놀라고 당황스러웠다.

내가 뭘 잘못했단 말인가? 시술하고 전혀 관계없는 것 가지고 남편한테 받은 스트레스를 나에게 풀고 있지 않은가? 나는 아무리 환자에게 바른 소리를 해도 환자는 듣지를 않았다. 심지어 내 앞에서 울기까지 하는데 나는 진짜 너무 어이가 없고 마음이 힘들었다. 잘 달래서 보내면 병원으로 자꾸 전화해서 컴플레인을 하거나, 자주 병원에 와서 나한테 짜증을 냈다.

나는 그 환자 때문에 밤잠도 설치고 눈만 감으면 생각이 나서 가슴이 벌렁거리고 맘 편할 날이 없었다. 그러다 그 환자는 또 와서 앵무새처럼 같은 말을 반복하며 말도 안 되는 소리를 해댔다. 나는 결국 참지 못하고 이렇게 말했다.

"제발 저 좀 살려주시면 안 될까요? 안 그래도 힘든 사람인데 이렇게 저를 더 아프게 하시면 안 됩니다. 나는 더 힘들면 안 되는 사람이거든요. 그러니 제가 돈 다 돌려줄 테니 제발 여기서 나가주세요. 제발요!"

지금 생각하면 저 때의 내 모습이 너무 처량하고 우습기까지 하다. 그러나 나는 절박한 마음에 저렇게 말할 수밖에 없었다. 내가 좀 더 단호하고 강하게 말할 줄 알았더라면 얼마나 좋았을까 싶다. 그러나 저 사건 이후로는 비슷한 상황이 생겼을 때 조금은 더 단호하게 말할 수 있게 되었다. 아직 완벽하지는 않지만, 좀 더 점잖고 간결하게 그리고 힘 있게 말할 수 있을 것 같다. 뭐든지 연습이 필요한 법인가보다. 누군가는 이런 것이 쉬운 일인지 모르겠지만, 나 같은 약해 빠진 사람은 연습을 해야 가능한 것이다.

　그로부터 몇 개월 뒤, 나는 비슷한 환자를 만났다. 의사를 남편으로 둔 50대 아주머니였다. 처음 진료 때부터 너무 예민해서, 잘 달래서 시술을 하지 않는 게 좋겠다 싶었다. 그런데 제발 시술을 해달라고 조르는 통에 마지못해 최소한의 시술만 해드렸다. 시술 직후에는 아무 말을 하지 않았다. 그러나 3일 정도 뒤에 병원으로 전화가 왔다. 멍이 들었다는 것이다. 당연히 눈 주위는 멍이 잘 드니 시술 전에 충분히 말씀드렸던 사항이었다. 그리고 실제로 멍이 그리 심하지도 않았다. 그러나 이번에도 또 남편이 문제였다. 아마도 의사인 남편 몰래 다른 병원에서 살짝 시술하려고 했는데 멍이 들었으니 남편이 한바탕 잔소리를 한 모양이었다.
　역시나 이 아주머니도 나에게 퍼붓기 시작했다. 왜 멍이 들게 했느냐, 시술이 잘못된 것 아니냐 별별 이상한 말을 하면서 전화로 퍼붓기 시작했다. 예전 케이스와 같이 나는 정말 잘못이 하나도 없는 일이었다. 예전의 경험이 있었던 터라 이번에는 당황하거나 화내지 않고 시술은 잘못된 것이 없다고 단호하게 말했다. 그러나 그 아주머니는 다음날 아침에 병원으로 전화를 해서는, 병원에 불을 지르겠다고 고래고래 소리를 질렀다. 나는 그 순간 뭔가 행동을 취해야 한다고 느꼈다. 바로 경찰서에 신고한 것이다.

112에 신고한 지 10분도 안 되어 병원 안으로 경찰관이 7명이나 우르르 들어왔다. 생각 외로 많은 수의 경찰관이 찾아와서 나는 너무나 놀랐다. 이게 그리 큰 사건인가 싶었다. 경찰관은 환자의 인적사항을 물어보고는 직접 환자에게 전화를 걸었다. 경찰관이 직접 통화를 하니 뭔가 진정되는 모양새였다. 좀 있다가 병원으로 또 한 차례 전화가 와서는 누가 경찰을 불렀냐며 소리를 질렀지만 우리는 아무 대응도 하지 않았다. 경찰은 환자가 일단 진정되었으니 가겠다고 하며, 오늘 내일 병원 주위에 순찰을 돌겠다고 했다. 혹여 그 환자가 오면 바로 신고하라고 했다. 그런데 경찰관들이 물러가고 한 30분 후에 사복 경찰 두 명이 들어왔다. 처음엔 누군지 몰랐지만 신분증을 보고 사복 경찰인 것을 알았는데, 얘기를 들어보니 방화 협박은 엄청난 범죄라 이렇게 매뉴얼에 따라 조치를 취하는 것이라고 했다. 나는 생각했다. "아, 이렇게 신고하면 되는 거였구나. 경찰들이 나를 이렇게 도와주니 좋네."라고 말이다.

그러나 다음날 아침 나는 하혈을 하고 말았다. 경찰관들이 도와줘서 내 마음은 위로받았을지 모르겠으나, 내 몸은 그게 아니었다. 바로 하혈로 반응하는 내 귀중한 몸뚱아리. 나는 무슨 짓을 해서라도 나 자신을 지켜야만 했다.

나는 하혈한 그날 저녁 바로 병원을 매물로 내놓았다. 문을 닫을까 말까 망설이던 차에 정말 결정을 해야 하는 순간이 온 것이었다. 내 마음속 깊은 곳에서 그리 하라고 소리가 들려왔다. 나는 일말의 망설임도 없이 그렇게 했다.

요즘도 가끔 한창 일하던 과거를 추억할 때면, 나에게 상처를 주었던 환자들이 가끔 생각나곤 한다. 옛날에는 그들이 이해가 안 가고 두려운 존재였다. 그렇지만 지금 생각해보면 그들도 그때 그렇게 행동했던 나름의 이유가 있었지 않았나 생각이 든다. 잘은 모르지만, 그녀가 남편에게 평소에 주눅 든 채로 살고 있는 주부였기에 그럴 수도 있었다. 만약 그게 맞으면, 그 사람은 나처럼 연약하고 착한 존재였을 것이다. 참, 사람들은 나름의 힘든 점이 다 있는가보다. 어찌됐든, 지금은 그들을 이해하려면 할 수도 있겠지만, 그래도 나를 너무너무 힘들게 한다면 끊어내야 하는 게 당연하다.

살면서 어떤 상황을 즉시 끊어내야 하는 때가 있는 것 같다. 나는 꾸역꾸역 참는 성격이라 뭐든지 한 박자 늦지만, 그래도 몇 번의 큰 결심을 하지 않았던가. 나 같이 약해 빠진 사람도 맘속으로 "아, 이건 아니지! 이제 그만 하겠어! 여기까지!" 하고 강하게 느껴질 때가 있다. 맘속 깊이 그런 생각이 떠오르면 바로 실행하는 것이 상책이다. 왜냐하면 내 맘속 깊은 곳의 진짜 내가 외치는 음성이 바로 정답이기 때문이다. 나 자신의 결단을 믿자. 더 밝은 나의 미래를 위해 용기를 내보자! "노노노! 이제 그만!" 하고 말이다.

07

하고 싶은 대로 하며 살아도 괜찮습니다

우리가 바쁘게 살다 보면 문득 가슴이 답답해질 때가 있다. 주로 매일 매일 직장을 나가기가 지겨울 때나, 매일 아침 일어나면 해야 할 일이 산더미 같을 때 그런 생각이 들 것이다. 에잇! 다 때려치우고 어딘가로 훌쩍 떠나고 싶다는 생각이 들기도 한다. 왜 이런 생각이 드는 걸까?

지금 하고 있는 일이 매일매일 재미가 나고 큰 보람이 느껴지면 벗어나고 싶은 생각이 들지 않을 것이다. 내가 하고 싶었던 일이고 내가 선택한 일이라면, 스스로 격려하며 다시 힘을 낼 수 있다. 그러나 만약 내가 하고 싶은 것이 아니고 등 떠밀려 억지로 하고 있다거나, 나 스스로 선택한 길이 아니라면 얘기가 달라진다.

우리가 지금까지 살면서 나 스스로 내 길을 선택했던 적이 과연 몇 번이나 있었을까? 대학 진로부터 직업 선택, 배우자 선택까지 100% 내 맘대로 한 것이 맞을까? 아마도 그렇지 않은 사람들이 대부분일 것이다. 성적에 맞춰서 대학을 선택했을 것이고, 배우자도 선을 봤거나 부모님이 정해준 사람과 결혼하는 경우도 많았을 것이다. 아니면 나 스스로가 잘 판단할 수 있는 경험과 지혜가 모자란 상태에서 잘못된 길을 선택했을 수도 있다.

나로 말할 것 같으면, 아마도 잘못된 선택으로 시행착오를 많이 겪은 사람들 중에 최고봉일 것이다. 나는 담임 선생님과 아버지의 설득에 못 이겨 대학을 선택했다. 그리고 오빠, 언니들과 똑같이 선을 봐서 결혼하라고 해서 그렇게 했다. 의대를 나왔으니 의사로 일해야 했고, 다른 의사들처럼 개원해서 병원 경영도 해봤다. 눈만 뜨면 일하러 나가 개미같이 일하고, 엎치락뒤치락하며 아이도 키웠다.

그렇게 달려가다 보니 내 몸은 축나기 시작했고, 처음엔 보람 있고 즐거웠던 일도 점점 지겨워졌다. 어느 순간, 이건 아닌데 싶은 생각이 들었다. 나는 요즘 왜 즐겁지 않은 걸까? 난 도대체 뭘 원하는 걸까?

일단 몸이 힘들고 지쳤으니 매사가 싫어지는 게 당연할 것이다. 그러나 밖에 나가면 직장에서 일을 해야 하고, 집에 오면 집안일을 돌봐야 하니 쉴 틈이 없었다. 내가 자리를 비우면 그 큰 자리를 누군가 대신 매워야만 했다. 고심 끝에 나는 작은 아이디어를 냈다. 크게 사고를 칠 수는 없으니 작게나마 일탈을 시도해보기로 했다.

3년의 계획(?) 끝에 나는 혼자 시내 특급 호텔에서 2박 3일 호캉스를 해보기로 했다. 그전엔 남편도, 아이도 없이 나 혼자 호텔에 쉬러 간다는 건 내 인생에 있을 수 없는 일이었다. 그러나 3년을 미루고 미룬 끝에, 이러다가 나 죽겠다 싶어 덜컥 예약을 해버렸다. 기억난다. 2013년 12월 연말쯤이었다.

첫날은 좀 어색했지만, 룸서비스로 밥도 시켜 먹고 TV도 보면서 방 안에서만 지냈다. 처음으로 아무도 없이 혼자 방안에 널브러져 누워 있는데, 얼마나 좋았던지 얼굴에 미소가 절로 피어났다. 아! 여기가 천국이로구나! 진작 올걸! 그날 밤은 혼자 실컷 놀다가 그 비싼 4만 2천 원짜리 전복 해산물 라면을 룸서비스로 시켜먹은 다음에야 늦게 잠이 들었다. 다음 날 정오가 넘도록 늦잠을 흐드러지게 자고 있는데 갑자기 핸드폰 전화벨이 울렸다. 친정아버지의 전화였다.

"니 오데고?"
"아버지 저 혼자 시내에서 쉬고 있어요~."
"너 혼자? 아이들은 어쩌고?"
"아줌마한테 잘 맡겨놔서 괜찮아요. 저 너무 힘들어서 도저히 안 되겠어서 시내에 있는 호텔에 쉬러 왔어요. 헤헤."

"아이들을 놔두고 와 그러노?! 이 일을 어쩌노?! 으흑흑."

이러시면서 아버지가 갑자기 울기 시작하셨다. 전화였지만 나는 그때 아버지가 우시는 것을 생전 처음으로 봤다. 처음으로 그렇게 서럽게 우시는 걸 보니 나는 너무 당황스러웠다. 아무 말도 못하고 진정되실 때까지 기다릴 수밖에 없었다.

아버지도 이제 나이가 드셨나보다. 옛날엔 한결같은 강인한 모습만 보이셨던 아버지인데…. 집에 남겨진 손주들이 안쓰러웠는지, 아님 오죽했으면 쉬려고 집을 나갔을까 하고 딸이 불쌍했던 건지 저렇게 대성통곡을 하시니 말이다. 그 순간 느꼈다. 아, 이제 나도 나이 들어 지쳐가고 아버지도 늙으셨고, 같이 늙어가는 것이 이런 건가. 혼자 쉬겠다고 집 나와서 호텔 방에 이렇게 누워 있는 나 자신이 조금 처량하게 느껴졌다. 그리고 나이가 드셔서 마음도 조금은 약해지신 우리 아버지도 안쓰러웠다. 내가 나쁜 엄마인지, 아버지한테 불효를 하는 건지 오만가지 생각으로 머리가 복잡해졌다.

그렇게 호텔에서 대충 쉬고 집으로 돌아갔다. 의외로 아이들은 잘 지내고 있었고 세상은 내가 쉬고 있어도 잘만 돌아가고 있었다. 사람은 누구나 자기 마음대로 이 세상을 살 수는 없다. 일하기 싫다고 놀기만 하고 살 수는 없다. 이랬다저랬다 마음대로 바꿀 수도 없다. 그러니 세상과 어느 정도 타협하며 조금씩 틈을 내어 내가 하고 싶은 것을 하고 살 수밖에.

내가 해야 할 도리는 하면서, 조금씩 내가 하고 싶었던 일, 나를 위한 투자를 해보는 건 어떨까? 조금만 새롭게 마음먹으면, 조금만 옆에서 도와주면 할 수 있는 것들이 참 많다. 소심하게는 가끔씩 작은 일탈도 해도 된다. 나도 해봤다. 1년에 한 번씩 혼자만의 호캉스를 나에게 선물했다. 그리고 고기가 너무 먹고 싶을 땐 같이 먹을 사람이 없어도 혼자 고깃집에 가서 고기도 구워 먹어봤다. 혼자 콘서트도 가봤고, 아이들을 재우고 밤에 영화관에 가서 심야 영화도 봤다. 아직 아이들이 어렸을 때, 친구들끼리 정기적으로 여행도 다녀온 적도 있다.

내 인생에 내 마음대로 했던 큰 사건, 이혼과 병원 폐업이 있었다. 이것도 경험이라고, 그 이후로는 나만의 최소한의 기준을 만들어놓고 여기에 맞지 않으면 가차 없이 쳐내는 강한 용기가 생겼더랬다.

그리고 작은 아이가 초등학교 5학년 때의 일이다. 담임 선생님이 중년 남자 선생님이었는데 호랑이같이 맨날 아이들에게 소리를 지르고 호통을 치는 강압적인 선생님이었다. 나는 이 사실도 모르고 있었다. 그러다 한번은 가을 정도에 아이를 데리러 학교를 찾아갔는데, 선생님이 아이들에게 고래고래 소리를 지르고 있는 것을 우연히 보고는 화들짝 놀라고 말았다. 반 전체 아이들이 잔뜩 움츠리고는 선생님이 무서워서 바들바들

떨면서 앉아 있었던 것이다. 나는 당장 아이를 그날로 자퇴시키고, 비인가 국제학교로 전학을 시켜버렸다. 한국 공교육이 무너진 건 내 이미 알고 있었지만, 내 아이를 그런 공포를 유발하는 공간 속에서 교육받게 하고 싶지 않았다.

그동안 얼마나 주눅 들며 학교를 다니고 있었을까 생각하면 분하고 또 분했다. 국제학교로 전학을 가고 나서는 정말 좋은 선생님과 친구들과 함께 학교생활을 너무너무 잘 하게 되었다. 선생님의 사랑과 칭찬에 아이가 밝아지고, 오히려 영어도 빨리 늘고 공부도 더 열심히 하게 되었다. 5학년이라 애매한 시기였고 갑작스러운 결정이었다. 그렇지만, 그때 내 맘속 깊숙한 곳에서 피어오르는, 아이를 당장 거기서 빼내라는 진정한 나의 목소리를 들었던 것은 정말 잘 한 일인 것 같다.

또 있다. 바로 책을 쓰게 된 것이다. 내가 어렸을 적부터 막연하게 꾸었던 꿈. 사람들 앞에서 멋진 모습으로 강의하고 선한 영향력을 주는 사람이 되는 것. 나이는 들었지만 아마도 이런 나의 꿈은 계속 간직하고 있었나보다. 우연한 기회에 책 쓰기를 가르치는 곳의 도움을 받게 되었다. 그리고 꿈을 이루려면 책을 써야 한다는 것도 깨달았다. 그래서 아무리 주위 사람들이 의아스럽게 생각해도, 나는 정말 행복하고 즐겁게 책을 쓰고 있는 것이다. 또 다른 나의 꿈을 향하여 새롭게 달려간다는 것이 이렇게 즐겁고 새로운 에너지를 생기게 할 줄은 몰랐다. 긍정적인 생각을 가지고 열심히 도전하고 싶다.

　내가 했던 작은 결심, 큰 결심이 뭐가 그리 대단한가 하고 생각하는 사람도 있을 것이다. 그러나 나는 그 작은 일탈 하나하나가 나로서는 큰 용기를 내는 것이었다. 남에게 피해 안 주고 착하게, 성실하게만 살아가던 사람들은 이해할 것이다. 이것이 나쁜 일을 하는 것도 아니지 않은가. 이렇게 내가 하고 싶은 작은 일이라도 저지르며(?) 살자고 권하고 싶다. 그리고 나에게 큰 손해를 끼치거나 나의 건강을 크게 해치는 것이 있다면, 과감하게 쳐내고 바꾸는 용기도 가지라고 말하고 싶다.

　착하고 성실하게만 사는 사람들은 나에게 주어진 의무만 생각하지, 정작 나 자신이 뭘 원하는지는 뒤돌아볼 줄 모른다. 지금 당장 나에게 무엇이 필요한지 항상 보살피는 것도 나 자신에 대한 예의가 아닐까? 나도 병원 문을 닫을 때 주위에서 많이 말렸다. 이혼 소송 중일 때는 부모님이 계속 반대하셨다. 그러나 나는 내가 먼저 건강해져야 했고, 더 이상 참는 것이 아니라 내 삶을 더 사랑해야 했다. 누가 뭐래도 내가 하고 싶은 대로 하고 싶었다. 내 삶은 내가 책임지면 되는 것이다. 우리 착한 사람들은 좀 되바라져도 남들보다는 착하게 사는 사람이다. 얼마든지 괜찮으니 내가 하고 싶은 것 마음껏 하고 살았으면 좋겠다. 결국 내 곁에 남아 있는 사람은 그런 나를 멋지게 봐줄 테니까 말이다. 유명한 유튜버인 박막례 할머니 말씀이 생각난다.

"내가 70년 넘게 살아보니께 남한테 장단 맞추지 말어. 북 치고 장구 치고 너 하고 싶은 대로 치다보면 그 장단에 맞추고 싶은 사람들이 와서 춤추는 거여."

4장

남의 말에
휘둘리지 않는
착한 이기주의자로
사는 법

착하더라도 결코 만만한 사람은 되지 마라

착하고 여린 사람들이 살면서 가장 힘든 점이 있다. 그것은 아마도 나는 상대방에게 끊임없이 배려하느라 많은 에너지를 쏟지만, 상대방이 내 기대만큼 나에게 잘해주지 않을 때 받는 상처일 것이다. 이 상처가 반복되다 보면, 나 자신의 자존감도 낮아지고 나와 타인 모두에게 분노가 쌓이게 된다. 어떨 땐 우울감에 빠져 세상과 담을 쌓고 어디론가 숨고 싶은 생각도 든다.

나 또한 환자를 진료할 때 늘 고민하는 것이 있다. 어떻게 하면 환자와 좋은 라뽀를 형성하여 치료에 잘 따라오게 만들 수 있을까 하는 것이다. 그런데 요즘 미용 의학은 인터넷상에 너무나 많은 잘못된 정보들이 쏟아져 나오고 있다. 그래서 환자들이 잘못된 선입견을 가지고 병원에 오는 경우가 많아서 진료 현장에서는 힘든 점이 참 많다. 이런 환자들은 자신이 이미 많은 지식을 알고 있다고 믿기 때문에, 의사의 조언을 잘 듣지 않고 자기 뜻대로 고집을 부리기도 한다.

　의학적으로 올바른 것을 애써 설명하려고 해도 잘 듣지 않는 사람들이 많다. 그럴 때 나는 고민에 빠지곤 한다. "내가 설명을 잘못한 건가? 아니면 내가 경험이 별로 없어 보이고 믿음이 안 가는 건가?" 하고 자꾸만 생각하게 된다. 환자와 의사 사이에 서로 신뢰가 탄탄하지 않으면 장기적인 치료가 힘들어지고 치료 결과도 좋지 않은 경우가 많다. 그렇기 때문에 우리 의사들은 환자와 라뽀가 잘 형성될 수 있도록 노력한다. 그러나 현실은 자꾸만 그런 나를 좌절하게 만들었다.

　방송매체에서 의사와 의료 현장에 대한 부정적인 기사들이 자꾸만 올라오니, 전반적으로 진료 현장의 분위기는 점점 악화되는 것 같다. 이 사회가, 현실이 의사와 환자 사이의 돈독한 관계 형성에 심각한 악영향을 끼치고 있다. 이렇게 되면 결국 손해 보는 것은 의사뿐만 아니라 환자에게 돌아간다는 것을 다들 모르는 것 같다.

　모두가 알다시피 한국의 의료는 세계 최고이다. 특히 미용 의학 쪽은 세계 최고 중에 최고다. 그러나 세계 최고의 미용 의학에 대한 의료 수가는 세계 하위에 속한다. 어이가 없다. 세계 최고의 한국 미용 의사들은 지금 어이없는 보수를 받고 환자와 사람들에게 무시 받으며 개미처럼 일하며 살고 있다. 물론 지역별로, 진료과별로 차이가 있을 것이라 생각한다. 그러나 과거의 병원과 분위기가 사뭇 다른 것은 누구나 알 것이다.

다시 돌아와, 나는 개인적으로, 환자들과 어떻게 하면 좋은 관계를 만들 수 있을까 하는 고민을 많이 했다. 특히 환자들이 나를 무시하지 않게 하려면, 내가 카리스마 있게 보여야 한다는 생각을 많이 했다. 그래서 선배 의사들에게 많이 물어보기도 했다. 그들의 조언에 따라 외모도 바꿔보고, 말씨도 바꿔보고, 병원 분위기도 바꿔보려고 노력했다.

나는 환자들에게 카리스마 있고 프로페셔널하게 보이려면, 바로 '기'가 세야 한다는 것을 알아냈다. 왜냐하면 무조건 친절하게만 대해주고, 해달라는 것 다 해줬다가 여러 번 상처받은 일이 있었기 때문이다. 환자들은 내가 무조건 다 퍼준다고 나를 끝까지 신뢰하는 것도 아니었다. 물론 많은 환자들이 나의 진정성을 알아봐주고 단골 환자가 되기도 했다. 그러나 어떤 사람들은 그런 나를 오히려 무시하는 것 같고 이용하려는 것 같았다. 선배의사들은 늘 이렇게 말했다. 세월이 좀 더 흘러야 '내공'이라는 것이 생겨서 환자들과 더 잘 지낼 수 있다고 말이다.

사회에서도 똑같은 것 같다. 착하고 여린 사람들이 무조건적인 배려를 베풀 때, 고마워하기는커녕 만만하게 보는 사람이 많은 것 같다. 아무에게나 착하면 상처받고 손해를 볼 수 있다는 얘기다. 그럼 착하면서도 손해를 입지 않으려면 어떻게 해야 할까?

우선, 착하지만 '기'가 센 사람이 되어야 한다. 처음부터 모두에게 친절하고 배려하는 자세가 아니라, 먼저 한 발짝 뒤로 물러서서 상대방을 지켜보는 여유를 가져야 한다. 이러한 자세는 어떻게 보면 차가워 보이기도 하고 깐깐해 보이기도 할 것이다. 그러나 바로 이것이 '기'가 세 보이는 노하우다. 아무에게나 착하다가는 큰 대가를 치를 수 있다고 하신 법정스님의 말씀처럼, 우리는 사람을 가려가면서 착하게 대하는 연습을 해야 한다. 왜냐하면 모두가 다 나와 같지 않기 때문이다. 진실하지 못한 사람과 인연을 맺고 내 에너지를 투자하면, 피해를 당할 수 있다. 가능하면 진실한 사람하고만 잘 지내는 것이 내 인생을 낭비하지 않는 지름길이다.

그러나 이 세상에는 착한 사람도, 나쁜 사람도 늘 공존하며 살아간다. 나쁜 사람은 과거, 현재, 미래에도 결코 없어지지 않을 존재이다. 물론 스스로 선택해서 이 지구라는 별에 내려와 살고 있는 나의 영혼은, 이 나쁜 사람들을 통해서 성장이 이루어질 수도 있다. 그렇다면, 이들을 모두 끊어내지는 못하더라도, 적어도 나쁜 사람들이 늘 있다는 것을 인정하고 쿨하게 지내는 건 어떨까. 늘 있는 나쁜 사람들인데, 그 사실 자체로 짜증내고 스트레스 받으며 살 일이 아닌 것이다. 주위에 나쁜 사람이 있다면 걸러내도 되는 것이고, 같이 있을 때 흔들리지 않으면 되고, 또는 그들을 제압해서 이겨버려도 되는 것이다.

나는 이혼 전에도 많이 외로웠지만 그 이후에도 더 많이 외로워서 힘들었던 시절이 있었다. 일하고 집에 와서 아이들을 돌보고 나면 늦은 밤이 된다. 안방에 덩그러니 혼자 있으면 마음이 헛헛해져 누군가와 두런두런 얘기라도 나누고 싶어지곤 했다. 그런데 그 밤에 누구 하나 편하게 연락할 사람이 없었던 것이다. 다시 누군가를 만나고 싶어도, 성적으로 문란한 성인 문화 때문에 누굴 믿고 만나기가 쉽사리 용기가 나지 않았다. 이런 생각이 점점 심해지다 보니, 나중에는 이 세상이 이미 문란하게 변질되어 나 같은 순수한(?) 영혼은 만날 사람이 하나도 없다는 피해의식에 사로잡히게 되었다. 그래서 자꾸만 화가 치밀어 오르고, 세상 사람들이 싫어지고, 밖으로 나가기도 싫고 점점 우울감에 빠져들었다.

나중에는 급기야 이런 마음으로 사는 것이 너무나 힘들어 도움이 필요할 지경에 이르렀다. 그때 나는 독서, 명상, 걷기를 하며 수개월을 보냈다. 그때 마음공부 유튜브 채널인 〈세정TV〉를 즐겨 들었는데, 거기서 세정이라는 유튜버는 이렇게 말했다.

"주위에 나쁜 사람도 많고 미운 사람도 많은데, 그들 때문에 힘든 건 바로 나의 집착 때문입니다. 그 집착을 내려놓아야 합니다. 그러려면 그들에 대해서 이렇게 생각해보세요. 날씨가 맑은 날도 있고 비바람이 칠 때도 있듯이, 사람도 똑같습니다. 이런 사람도 있고 저런 사람도 있는 거예요. 저 산에 있는 이름 모를 들꽃은 날씨가 비가 온다고, 바람이 분다고 뭐라고 불평을 하던가요? 날씨가 이럴 때도 있고 저럴 때도 있구나 하겠죠. 이 세상에 어떻게 똑같은 사람만 있겠어요? 어떤 사람이 마음에 안 들어도 아, 그냥 저런 사람이 세상에 있구나 하고 길거리에 굴러다니는 돌멩이 보듯이 그냥 편하게 생각해보세요."

세상을 순간마다 빠르게 평가를 내리기보다는 한 박자 느리게 뒤로 물러서서 바라보는 여유를 가졌으면 좋겠다. 착한 사람들은 세상이 무서워질 때가 있다. 그런데 세상이 무서울 것도 만만한 것도 아닌, 그 중간 어디쯤 머무르는 것이 중요한 것 같다. 사람을 대할 때도 처음부터 누구한테나 친하게 대하지 말고, 그렇다고 너무 멀리 머무르지도 않고 중간 어디쯤에 있는 자세가 필요하다. 바로 이것이 '기' 또는 '내공'이라고 부르는 그것이 아닐까?

친구를 사귀든, 거래처와 관계를 맺든, 병원에서 환자 진료를 할 때도 마찬가지일 것이다. 분별없는 이타심도 아닌, 지나친 경계심도 아닌 중립적인 자세로 시작해보자. 모두에게 다 잘할 필요가 없다는 마음가짐이 중요하다. 이런 마음을 나 스스로 편하게 받아들일 수 있다면 '기'가 단단한 사람으로 이어질 수 있다. 착하면서도 기가 센 사람이 되어 누구도 만만하게 보지 못할 사람으로 거듭나야 한다.

상처를 받거나 무례함을 당한 상황에는, 당황하지 않고 점잖게 화를 낼 줄도 알아야 한다. 상대가 테이커로서 나의 영혼을 계속 갉아먹는 존재라면, 상대를 불편하게 하더라도 관계를 끊거나 제압해야 한다. 물론 품격 있게 말이다. 내 반응에 상대방이 어떻게 생각할지는 그 사람 사정이라고 생각하면 된다.

지나친 예의는 독이 된다. 상대는 내 배려만큼 똑같이 대해주지 않을 수 있다. 그러니 필요할 땐 나의 의견을 단호하게 말하는 습관을 가지자. 상대는 내 예상과 달리 그렇게 기분 나빠 하거나 나를 비난하지 않을 것이다.

서양의 기본 정신인 개인주의가 있다. 이것은 결코 무례한 삶의 방식이 아니다. 나 스스로도 객관적으로 바라볼 줄 알고, 타인도 객관적으로 평가할 수 있는 훌륭한 삶의 자세다. 착한 사람인데 좀 더 까칠해지는 것보다는, 개인주의자면서 동시에 너그러운 사람이 되는 것을 목표로 삼으면 어떨까하는 생각이 든다. 타인에게 흔들리지 않으면서도 품격 있게 내가 하고 싶은 대로 사는 것, 정말 멋지지 않은가?

02

남의 말에 압도당하지 않는
마음 근육 키우기

　요즘 들어 관심 있는 단어가 있다. 그것은 바로 '초연하다'라는 단어이다. 초연하다의 사전적인 의미는 '어떤 현실 속에서 벗어나 그 현실에 아랑곳하지 않고 의젓하다.'이다. 그러나 나는 사전적 의미 말고 보다 영적인 뜻을 강조하고 싶다. 불교에서는 초연한 삶을 살기 위해서는 세상일에 얽매이지 말고 한발 물러서서 제3자의 입장에서 사물을 바라볼 때 가능하다고 한다. 그리고 자기를 내려놓는 것, '나야!'라는 자만심을 버리는 것이라고 말하고 있다. 결국 세상일에 욕심을 부리지 말고, 독단적인 생각들을 버리고 평정심을 찾아 평화로운 삶의 상태를 강조하고 있다.

　그런데 나는 여기서 의미를 좀 더 확장하고 싶다. 우리가 초연하게 살려면, 무조건 나를 낮추고 욕심을 버리는 것 보다는 그것을 넘어, 세상일의 옳고 그름에 너무 큰 차이를 두지 말자고 말하고 싶다. 즉, 나의 삶에 조건을 달지 않고 그냥 물 흐르듯이 살아가자는 것이다.

세상일에 대해서 옳고 그름을 너무 따지지 않는다면 어떤 느낌일까? 아마도 내가 했던 실수나 후회스러운 일에 대해서 그다지 힘들게 느껴지지 않을 것이다. 그리고 안 좋았던 일에 대해서 남 탓, 환경 탓, 세상 탓으로 돌리지 않으니 화도 나지 않을 것이다. 그냥 나 스스로가 모든 일에 대해서 '아, 이건 다 나에게 피가 되고 살이 되는 값진 경험이구나. 다음부터는 조심해야지.' 하는 긍정적인 마인드가 생길 것이다.

또한 타인이 나에게 무례하게 대하거나 나에게 상처를 준 상황이 있다고 해보자. 이럴 때 내가 초연해질 수 있다면 어떤 생각이 들까? 아마도 처음부터 그들에게 배려할 때도 무슨 대가를 바라고 하지는 않았을 것이다. 그냥 세상에 선을 행하기 위해 내가 스스로 행한 것이지, 내가 이만큼 했으니 상대도 이 정도는 해주겠지? 하는 기대는 애초에 하지 않았을 것이다. 그냥 내가 사람들에게, 세상에 선을 행한 것으로 행복해하고 만족스러워 할 것이다.

그리고 상대방이 예상 밖의 무례함을 보인다면 어떨까? 초연해진 나는 아마도 그 사람이 나에게 그런 무례함을 보인다 해도 크게 힘들어하거나 크게 화가 나지는 않을 것이다. 그냥 '저 사람은 그런 사람이구나. 그럼 당신은 그렇게 삶을 사세요. 나는 나대로 살 테니.' 하고 생각할 수 있을 것이다. 정말로 여유롭고 멋지지 않은가? 어떤 상황에서 한 발짝 물러나 제3자의 입장에서 바라보는 습관을 가지고 초연해진다면, 그리 화가 나지도 상처도 받지 않을 것이다. 그냥 그런 무례한 행동을 하는 상대가 불쌍하게 보일 수도 있고, 심지어 도와주고 싶은 마음이 생길 수도 있다. 아니면 내 한계선을 이미 떠났다 싶으면 그냥 스르르 자연스럽게 그 사람과 인연을 끊어갈 수 있을 것이다. 왜냐하면 초연한 삶이란, 나와 생각이 다른 사람을 도와줄 수도 있지만 반대로 다른 사람의 일에 너무 깊이 개입하지 않는 것도 포함되기 때문이다. 나는 내가 행하는 행동과 말들을 스스로 책임지면 되는 것이고, 그 사람은 그 사람 스스로 자신의 삶을 책임지면 되는 것이다.

나의 과거의 일이 너무나 후회스럽고 억울할 때가 있다. 평화롭게 살다가도 문득문득 이런 생각들이 떠올라 나를 정말 힘들게 할 때가 있다. 혼자 화가 나서 어쩔 줄을 모르고, 해결되지도 않을 이런 저런 생각에 머리를 싸매곤 한다. 참, 습관이 무섭다고 이렇게 부정적인 생각들이 습관처럼 불쑥불쑥 솟아오른다. 또 나에게 상처 준 사람들, 그들의 말과 행동을 가지고 이리저리 머리를 굴리며 그 이유를 찾으려고 무단히 애쓰고 있는 자신을 발견하곤 한다.

이미 지나간 과거, 내가 예상하지 못한 저들의 무례함. 도대체 이것을 내가 무슨 수로 해결 할 수 있단 말인가? 이걸 해결하려고 머리를 싸매며 그 이유를 찾아 헤매고, 누군가에게 책임을 지우려 애쓰는 것도 참 쓸데없는 짓이다. 이것이야말로 과거에 집착하고, 남에게 휘둘리는 삶인 것이다. 이렇게 부정적인 생각에 빠져 있는 것도 습관이 될 수 있다. 우리는 먼저 이런 부정적인 생각의 습관이 굉장히 위험한 것이라고 인식해야 한다.

남에게 휘둘리지 않고 압도당하지 않으려면 무조건 내가 강해져야만 되는 것이 아니다. 오히려 내 마음이 유연하고 초연해져야 한다고 생각한다. 내 삶이 어떤 식으로 이어져왔든 남들이 나에게 어떻게 대하든, 그것의 옳고 그름을 판단하지 말자. 그냥 그것을 항상 배움의 장으로 생각하고 내 영혼이 성장하는 기회라고 생각해보자. 혹시 과거의 안 좋은 일들에 대해서 후회스럽고 억울한 생각이 드는가? 그렇다면, 그 모든 일이 내가 스스로 선택한 길이었고 그건 내 영혼이 성장하는 기회였다고 받아들이자. 그러면 남 탓, 세상 탓을 하지 않게 되고 더 이상 분노가 치밀지도 않을 것이다.

과거는 훌훌 떠나보내버리고, 열심히 살아온 나를 사랑하며 용서하자. 그러고 나서 오직 현재를 살아가자. 여유롭고 초연한 마음으로, 내 삶은 내가 책임진다는 마음으로 현재만을 살아가자. 그러면 그 현재가 모여 멋진 미래가 펼쳐질 것이다.

양창순 선생님의 저서 『담백하게 산다는 것』에서는 이렇게 지적하고 있다. 몸이 약해지면 기운을 보충하기 위해 운동도 하고 영양가 있는 음식도 먹고 적절하게 휴식도 취한다. 그런데 마음에 대해서는 태어난 기질 그대로 살아가는 것을 당연하게 여기고 바꿔가려고 하지를 않는다는 것이다. 그리고 이 책에서는, 스트레스가 가득하고 화나고 억울한 마음이 들 때 자신의 마음을 효과적으로 다스릴 수 있는 방법을 제시하고 있다. 그것은 '일단 멈추고, 둘러보고, 다시 시작'하는 것이다.

무언가가 나를 힘들게 할 때, 우선 뇌를 평안하게 만들기 위해 일단 휴식을 하고 생각을 멈추는 것이 필요하다. 한 걸음 물러서서 마음에 여유를 찾는 자세를 가지자. 그리고는 나 자신의 내면을 들여다보고 현재 내가 느끼고 있는 것이 무엇인지 인식해보자. 만약 쓸데없는 생각에 빠져있다면 목표를 재설정하여 다시 시작하는 것이다. 과거의 일에, 남의 행동에 대한 부정적인 마음에서 벗어나, 오직 현재와 미래를 살아가는 긍정적인 마음으로 돌려보자는 것이다. 이런 연습을 꾸준히 한다면 부정적인 생각의 습관에서 벗어나, 나 스스로가 마음이 여유롭고 초연해지는 것을 느끼게 될 것이다.

사람은 완벽하게만 살 수는 없다. 나도 이번 생은 처음이고, 얼마든지 실수를 할 수 있다. 우리는 세상 속에서 누군가의 부모이고 누군가의 자녀이며, 직장에서 어떠한 일을 담당하는 직책이 있기 마련이다. 이러한 역할을 잘 해내려 애쓰느라 고되게 살아간다. 만일 이 역할들을 제대로 수행해내지 않으면 자책도 하고 화가 나기도 한다. 열심히 살았는데 남들에게 안 좋은 평이라도 들려오면 엄청나게 괴로워하고 상처까지 받는다.

그러나 우리는 이러한 역할이나 직책이 아닌 한 인간으로서의 나 자신도 있음을 알아차려야 한다. 그리고 사회적인 역할보다는 '진짜 나'라는 영혼을 더 소중하게 여겨야 한다. 그러니 세상살이에서 실수를 하든, 어떤 비난을 받든 내 영혼 자체의 소중함은 흔들림이 없는 것이다. 그냥 내 영혼이 이 세상에 내려와 열심히 살면서 영적 성장을 하고 있다고 생각하면 된다. 그러면 세상의 자질구레한 일들은 그냥 아무것도 아니게 된다. 세상 일이 힘들고 지칠 때, 지구 밖 먼 우주에서 지구를 바라보는 상상을 해보라는 말도 있지 않은가. 우주 밖 먼 곳에서 지구를 바라보면 작디작은 인간들이 아웅다웅하며 사는 모습이 아무것도 아닌 것으로 보일 것이다.

남들도 마찬가지다. 그들도 그들의 인생을 그냥 살아갈 뿐이다. 또한 그들의 영혼도 소중한 것이다. 그러니 세상을 살면서 나와 타인 사이에 일어난 일에 대해서 누구의 탓으로 돌리고 단죄하려고 애쓰지 말자. '그럴 수도 있지…' 하며 그냥 물 흐르듯이 흘러가게 놔두자.

아웅다웅하며 살아가는 이 작은 지구 세상이 아닌, 더 큰 우주적인 관점으로 바라보는 마음을 가져보는 건 어떨까. 여유롭고 초연한 마음, 이것이야말로 우리 영혼이 평온해지는 지름길이며, 어떤 일이 있어도 압도당하지 않는 단단한 마음을 가지게 되는 인생의 노하우가 아닐까.

03

더 이상 팔랑귀로 살아가지 않는 방법

착하고 여린 사람들은 살면서 주위 사람들의 의견에 휩쓸려 따라 하거나, 누가 권하는 것에 대해 거절을 못 하는 경우가 많다. 정말 혹해서 따라하는 경우도 있지만, 평판이 두려워 알면서도 마지못해 시키는 대로 하는 경우도 있다. 그리고 나서는 대부분 땅을 치고 후회를 하게 된다. 내가 왜 그랬을까, 도대체 나는 무엇이 문제일까, 왜 이리 바보 같을까 하며 머리를 쥐어뜯게 된다. 이것이 바로 착한 사람들이 쉽게 '팔랑귀'가 되는 모습들이다.

나 역시 팔랑귀로서 무구한 역사를 가진 존재다. 대학생 때 길을 가다가, "도를 아십니까?"라고 말하는 사람을 따라가 제사(?)를 두 번이나 지냈던 사람이 바로 나다. 또 어떤 화장품 판매자에게 속아서 당시 형편으로는 무리한 가격의 돈을 내고 물건을 샀던 적도 있다. 큰아이가 아픈 것을 안 뒤로는 우연히 이상한 종교 단체에 들어가 역시나 제사(?)를 지내고 말았다. 심지어 굿을 한 적도 있다. 이혼 소송이 한창일 때는 몸과 마음이 지쳐 일을 하기 조차 힘들어진 때가 있었다. 그때 지인 중에 누군가가 투자에 대해서 나에게 소개를 했고, 아니나 다를까 역시 나의 팔랑귀가 발동을 하고야 말았다. 보험 쪽은 또 다 이루 말할 수도 없다. 아휴~ 일일이 열거하자니 진짜 한숨만 나온다. 그리고 정말 창피하다.

어릴 때 실수는 부모님이나 형제자매들이 나서서 도와주고 위험에서 건져주었다. 그러나 자립을 하고 나서는 조심할 생각은 않고, 간이 더 커지기만 했나 보다. 게다가 큰아이도 아프고, 나 홀로 돈 벌며 아이들을 키운 기간도 길었으니 더 위험에 노출되었을 것이다. 그럼 나는 왜 그렇게 팔랑귀로 살아왔을까? 나는 도대체 어떤 성격이라서 그렇게 많은 실수를 하게 되었을까?

'팔랑귀'의 사전적인 의미는, '줏대가 없어 다른 사람이 하는 말에 잘 흔들리는 성질이나 사람을 비유적으로 이르는 말'이라고 나와 있다. 그러면 왜 사람은 줏대가 없이 혹하는 걸까? 찾아보면, 대게 자신만의 판단 기준이 약하거나 마음이 약해서 다른 사람의 부탁을 잘 거절하지 못해서 그렇다고 한다. 영어로는 pushover이라는 단어를 많이 사용하는데, 이는

'밀어서 넘어뜨린다'는 뜻의 조합어이다. 쉽게 휘둘리거나 만만한 사람이라는 뜻으로 쓰이는 단어라고 한다. 착한 사람들은 특히나 이렇게 쉽게 휘둘리기도 해서 우리를 만만하게 보는 사람이 많다는 건 어쩔 수 없는 사실이다.

그렇다면 우리 착한 사람들은 왜 유독 팔랑귀가 잘 되는 것일까? 내 나름대로 정리를 해보았다.

1. 늘 양보하고 배려하는 성격 때문에 거절을 못해서.
2. 내가 평소에 착하게 대해줬으니 상대방도 나에게 절대 해를 입히지 않을 거라는 허황된 믿음 때문에.
3. 저 사람 말을 듣지 않으면, 내 가족이 손해를 입을 거라는 속임수에 넘어가서.
4. 객관적인 정보 수집과 분석을 할 능력이 없고 귀찮아서.
5. 나 말고도 다른 수많은 사람들이 저렇게 하고 있으니 나도 그러면 될 것 같아서.
6. 내가 너무 힘들고 약해져 있는 상황이라 냉철한 판단이 힘들 때.
7. 모든 이에게 착하게 살고 있는 나처럼, 세상 사람들 모두 이런 착한 마음으로 살고 있는 줄로 아는 순진한 생각 때문에, 흑흑흑.

약삭빠르고 냉철한 인간들은 절대로 저 항목들이 이해가 안 갈 것이다. 이런 사람이 세상에 실제로 살고 있나? 하고 생각할 수도 있다. 그러나 슬프게도 세상에는 이런 생각을 가지고 사는 착한 사람들이 꽤 많다. 나를 포함해서. 착한 사람들은 저 항목들을 보고 무릎을 칠지 모른다. 그러나 어찌 보면 참으로 창피하고 수치스러운 생각이 든다. 특히 나는 개인적으로 너무나 후회스러운 흑역사가 많다. 저런 과거를 생각하면 울화가 치밀고 자꾸만 부정적인 생각에 빠지기도 하지만 그렇다고 똑같은 실수를 반복할 수는 없는 노릇이다. 앞으로가 중요하다.

미국 성공 철학의 거장 나폴레온 힐의 저서 『여덟 가지 삶의 태도』에서는 팔랑귀 해결법으로 '정확한 사고를 하는 법'을 제시하고 있다. 누군가의 부탁이나 제안에 대해서 할지말지를 결정할 때 정확하게 사고할 줄 알아야 손해를 보지 않을 것이다. 이 책에 의하면, 우선 사실과 거짓 및 소문을 구별해야 한다고 한다. 누군가가 무슨 말을 하든, 사실은 오직 하나라는 것이다. 이 사실 이외의 나머지 것들은 쓸데없는 거짓이거나 소문일 가능성이 높다. 따라서 그 사람의 의견이 출처가 확실한지, 남에게 전해들은 이야기는 아닌지, 또는 뜬금없는 근거 없는 소린지를 확인해 볼 필요가 있는 것이다.

물론 남의 조언에 영향을 받지 않기 위해서는, 직접 몸으로 부딪혀 경험하고 스스로 생각하는 법을 배우는 것이 좋다. 정확한 사고를 하는 사람은 절대 남이 대신 생각하도록 내버려두지 않는다고 한다. 스스로 고민하고 알아보는 습관이 중요하다.

이 책에서는 정확한 사고를 하는 또 하나의 방법으로, '모든 내용에 물음표를 띄워라.'라는 것을 제시하고 있다. 정확한 사고를 하려면 생각하는 습관을 바꾸어야 하는데, 그것은 모든 내용에 물음표를 띄워보라는 것이다. 다른 사람의 말을 들을 때나, 어떤 기사를 접할 때도 의문을 제기하는 습관을 가져야 한다. 누군가가 어떤 말로 나에게 제안을 할 때, "그건 어떤 근거로 저한테 말씀하시는 건가요?"라고 질문을 해보라. 보통 자신이 한 말에 정확한 근거나 자료를 대지 못하는 사람이 많을 것이다. 스스로에게도 자문하면 좋을 것 같다. 만약 내 마음속에 어떤 생각이 떠오를 때, "지금 내가 생각하는 것이 객관적으로 근거가 있는 것인가? 나와 가장 가까운 가족에게 물어봐도 똑같이 생각할 것인가?"와 같은 질문을 던져보면 좋을 것이다.

물론 나폴레온 힐의 조언을 따르려면 지금보다 훨씬 냉철한 사람이 되어야 한다. 왜냐하면, 사랑이 풍부한 관계에서는 정확한 사고를 방해할 수 있기 때문이다. 또한, 내 마음에 증오, 분노, 질투, 공포심, 탐욕, 복수심 등이 있다면 부정적인 감정에 사로잡혀 있어 정확한 사고가 어려워지게 된다. 그러므로 우리는 중요한 결정에 앞서 나의 감정 상태가 어떠한지도 한번 점검해볼 필요가 있다.

나 역시, 정이 많기 때문에, 혹은 몸이 많이 지쳐 있을 때 다른 욕심을 채우고자 했던 적이 있기 때문에 잘못된 판단을 했었다. 내가 과연 정확한 사고를 할 수 있는 상태인지 파악하지 못한 채 섣부른 결정을 한 것이 실수였다. 객관적이고 정확한 근거를 요구했어야 했고, 모르겠으면 객관적으로 생각해줄 다른 사람에게 조언을 구할 수도 있었다. 그러나 그때

난 그러지 못했다. 설마설마하던 것이 정말 설마가 되어버린 것이다. 설마가 사람 잡는 것인데 말이다.

　나는 요즘도 내가 똑같은 실수를 반복하며 살고 있는 것은 아닌지 걱정이 될 때가 있다. 살면서 매 순간마다 나의 깊은 내면의 목소리를 듣고자 노력한다. 요즘은 자주 나의 내면의 소리가 들리곤 한다. 그러나 중요한 것은 내면의 소리를 내가 행동으로 옮기느냐이다. 스스로 옳은 생각을 하고 있으면서도 행동으로 옮기지 않고 주위에 휩쓸려 산다면 무슨 소용이 있겠는가. 내가 옳은 생각을 할 줄 알고, 정확한 사고를 할 능력이 어느 정도 생겼다면, 이제는 행동으로 옮기는 연습을 해야 한다. 왜냐하면 몸으로 실천한다는 것은 착한 이들에게 또 다른 숙제이며 용기가 필요한 부분이기 때문이다.

　아무리 가까운 사이라도 상대방에게 객관적이고도 확실한 근거를 당당하게 요구할 줄 알아야 한다. 그리고 아니다 싶으면 가차 없이 거절해야 한다. 처음부터 이런 까칠한 자세를 보여야 상대방이 진실로 다가올지 아닐지가 판가름 날 것이다. 성급해 보이고, 가벼워 보이고, 멘탈이 약해 보이면 안 된다. 반대로 신중해 보이고, 강한 멘탈의 소유자로 잘 흔들리지 않는 모습을 보여야 한다. 이렇게 끊임없이 연습하면 우리도 팔랑귀에서 탈출할 수 있을 것이다!

04

해야 하는 일 말고
하고 싶은 일을 하며 살기

우리는 어린 시절에 "너는 커서 뭐가 되고 싶니?"라는 질문을 자주 받는다. 집에서, 학교에서 이런 질문을 받을 때, 아이들은 무슨 생각을 하게 될까? 아마도 커서 하게 되는 일의 종류나 직장을 상상할 것이다. 그러면 가만히 생각해보자. 내가 성인이 되었을 때 하고 있는 일을 상상한다면, "무엇을 하며 돈을 벌지?" 하는 의미도 내포된 상상일 가능성이 높다. 그러면 어쩌면 우리는 어릴 때부터 나중에 돈벌이로 어떤 직업을 선택할지 늘 고민하라고 강요당하며 자라고 있는 셈이다. 그때는 잘 몰랐지만 지금 생각하면 끔찍하기 짝이 없다. 저런 질문을 받으면 아이는 당연히 경찰관, 대통령, 가수 등 직업을 답할 것이 뻔하기 때문이다. 요즘은 심지어 어떤 아이들은 좋은 대학에 진학하는 것이 꿈이라고 말하기도 하고, 부잣집에 시집가는 것이 꿈이라고 말하는 아이도 있다고 한다. 정말 세상이 어찌 돌아가는지 원.

우리 모두는 어릴 적 유치원이나 초등학교 저학년 때 그림일기라는 것을 써봤을 것이다. 그림일기에 자주 나오는 레퍼토리 또한 나의 장래 희망이나, '커서 무엇이 될까'가 많았다는 것은 누구나 다 아는 사실이다. 정말 우리는 세뇌 교육을 받았던 것이다. 어른이 되면 꼭 어떤 직업을 가지고 돈을 벌고 누군가를 위해 헌신해야 한다는 뉘앙스를 알게 모르게 머릿속에 각인시켜왔던 것이다. 심지어 내가 낳은 내 자식들한테도 어렸을 적 똑같은 질문을 했었다는 것을 생각하면 정말 소름이 끼친다.

이 질문이 뭐가 잘못인지 궁금해하는 사람도 있을 것이다. 그러나 나는 강조하고 싶다. 우리는 아이들에게, "너는 커서 무엇을 하고 싶니?"라고 질문해야 옳다고 생각한다. 왜냐하면, '무엇이 되는 것'보다는 '무엇을 하고 싶은 것'이 아이들에게 훨씬 열려 있는 질문이기 때문이다. 훨씬 부담이 없는 질문이고, 훨씬 넓은 범위의 꿈을 생각하게 만드는 질문이다. 심지어 자신의 재능이 뭔지, 자신이 정말로 탐구하고 계발하고 싶은 것이 뭔지 깊이 생각하게 만들 수도 있다. 나는 우리 아이들에게, 꼬마 때부터 적어도 성인이 되기 전까지 쭉 이 질문을 던져야 한다고 생각한다. 심지어 대학 입시 시험을 준비하고 있는 아이에게도 말이다.

착한 사람들은 어렸을 때도 유독 순하고 여린 성격들이었을 것이다. 따라서 이 착한 사람들이 어른들에게서, 커서 무엇이 되고 싶냐는 질문을 여러 번 들으며 자라면 과연 어떻게 될까? 원래 성격이 남을 배려하고 헌신하는 유형인데, 저런 질문들로 세뇌교육까지 받으면? 아마도 좋은 직업을 가진 후에 자기 가족과 사회를 위해 헌신하고 애쓰며 살 생각을 할 것이다. 그렇게 나 자신이 아닌 가족과 타인들을 위해 열심히 살아야 하는 것을 숙명으로 받아들일 확률이 높다.

가만히 가슴에 손을 얹고 생각해보자. 나는 어떤 마음으로 자라왔는지를. 성인이 돼서도 어떤 마음으로 살고 있는지를. 과연 우리 착한 사람들은 진정으로 내가 원하는 삶을 고민하고, 그것을 이루기 위해 노력한 적이 있는지를 말이다.

그렇다. 우리는 그동안 무의식적으로 뭘 하며 살아야 하는지를 고민하며 살아왔다. 그러나 이제는 무엇을 하고 싶은지, 내가 뭘 원하는지를 생각하며 살기를 바란다. 남을 위해 사는 것이 아닌, 진정한 나 자신이 원하는 삶으로 초점을 돌리자는 것이다.

그러나 혹자는 이런 제안에 의문을 제기할 수도 있다. 이미 정해져버린 내 직업이나 운명은 어쩌라고요? 이미 나이를 먹었는데 지금도 될까요? 아니면 현실은 우선 돈부터 벌어야 뭐든 되는 세상인데, 너무 허황된 얘기 아닌가요? 하고 말이다. 그러나 나는 나이에 관계없이 용기를 가져보라고 말하고 싶다. 좀 간 크게 한번 살아보라고 말이다.

아직 젊은 사람이고 결혼하기 전이라면, 아직 부양할 가족이 없는 것을 다행으로 여기고 자신이 진정 원하는 것을 몇 가지라도 도전해보라고 말하고 싶다. 남들처럼 똑같이 좋은 대학을 졸업하고 좋은 직장에 취직할 생각만 하지 말고 말이다. 자신이 진정 원하는 것이 있다면 한번쯤 도전해보라는 것이다. 젊은 나이에 시행착오를 한두 번 겪어보는 것은 정말로 값진 경험이 될 것이기 때문이다.

　작은 실패를 몇 번 겪으면서 지혜를 쌓으려면 가급적이면 자유로운 몸일 때, 젊을 때 하는 것이 좋다. 그래야 시간이 흐르면서 점점 실수를 줄여나갈 수 있다. 그리고 나이 먹어서 실수를 한다면 너무나 위험 부담이 크기도 하다. 현재 성공한 사람들에게 물어보라. 대부분 과거에 숱한 실패를 많이 겪었을 것이다. 그러니 젊을 때 겪는 시련과 인내의 고통은 다이아몬드와 같은 귀한 경험이 될 것이 분명하다.

　그러면 이미 나이를 먹고 이미 일해온 직업이 있으며, 아직 부양할 가족마저 있다면? 그래도 나는 강조하고 싶다. 지금이라도 자신이 진정 원하는 것이 무엇이었는지를 맘속 깊이 고민해보라고. 그리고 도전해보라고 말하고 싶다. 아주 긴박한 상황이 아니라면, 이미 이루어져 있는 무언가가 있으니 일단 맘이 놓이지 않은가? 오히려 아무것도 이룬 것이 없는 어릴 적 보다 지금이 더 여유로우므로, 오히려 또 다른 일에 새롭게 도전할 수도 있지 않은가 말이다. 긍정적으로 생각하자. 그동안 해온 것들로 인하여 어느 정도 경험과 지혜가 쌓인 것에 대해 감사하는 마음을 가지자, 그러니 이것을 발판삼아 유리하게 이용할 수도 있는 것이다. 너무 신나지 않은가? 어릴 적 꿈을 다시 도전해본다는 것이 얼마나 즐거운 일인가.

　나 역시 50살이 다 되어가도록 쉬지 않고 열심히 달려온 착하고 성실한 사람이다. 그런데 3년 전 나는 인생에 처음으로 휴식을 선언한 적이 있다. 의사로, 엄마로 열심히 살아온 나 자신에게 잠시 멈추라는 신호(sign)가 강하게 들려왔기 때문이다. 건강이 심각하게 악화되고 마음도 병이 들어 더 이상 하던 것을 못할 지경이 됐던 것이다. 그럴 땐 멈추는 것이 최고다. 사람은 살다가 잠시 멈추고 휴식을 필요로 할 때가 있는가 보다. 그러면서 자신의 삶을 한번쯤 정비하는 기회를 갖게 되는 것 같다. 그래서 나는 이런 멈춤의 시간들을 아주 값지게 쓰기로 마음먹었다. 내가 해야 할 일을 과감히 내려놓고, 정말 나 자신을 최우선으로 생각하는 결심을 처음으로 간 크게 한 것이다.
　그 이후에 경제적으로 조금 힘들긴 했지만, 내 삶이 많이 바뀌어가는 것을 느꼈다. 우선, 내 마음이 유연해지고, 표정이 밝아지기 시작했다. 웃는 얼굴로 집에서 뒹굴뒹굴하고 있었더니 우리 아이들도 덩달아 즐거워하기 시작했다. 그리고 아이들과 대화도 늘어나면서 속에 있는 얘기를 서로 터놓고 하기도 했다. 나도 치유되고 우리 아이들도 동시에 치유되는 듯 했다. 아!, 이게 사람답게 사는 것인가? 하는 생각도 들고 맘이 여유롭고 아이들과 잘 지내니 참 행복하다는 생각도 들었다.

그리고 의료 쪽이 아닌 다른 분야의 모임에도 생전 처음 참여해보고, 와인과 같은 새로운 걸 배우기도 해봤다. 새로운 공부도 하고 다양한 사람도 만나보니 또 새로운 세상을 경험을 하고 배울 점이 많구나 싶었다. 내가 가지고 있던 콤플렉스, 어릴 때 다양한 경험을 못해봤다는 그 콤플렉스를, 이미 나이는 먹었지만 그래도 조금이나마 해소하는 느낌이 들었다. 그래서 약간 한(?)을 풀고 있는 느낌이랄까? 아무튼 기분이 좋았다. 종종 세상에 대해 실망스러울 때도 있고 상처받은 적도 있었지만, 그래도 나에게 피가 되고 살이 되려니 생각하며 긍정적으로 생각했다.

휴식을 하니 시간이 흐르면서 건강도 조금씩 회복되어갔다. 또한 산으로 들로 가서 걷기도 하고, 명상도 하면서 나를 위한 삶, 내 마음속 깊은 곳의 목소리를 듣는 연습을 많이 하게 되었다. 이런 것들이 인간의 삶에 정말 필요하다고 학교에서 가르쳐줬으면 참 좋았을 것을. 그래도 이제라도 깨닫고 실천할 기회를 가지게 된 것을 다행으로 생각하기로 했다.

나는 요즘, 건강이 회복되어 가면서 새로운 미래를 꿈꾸어본다. 의사라는 나의 직업은 지키되, 이제까지 해온 진료 환경이 아닌 새로운 분위기에서 일하고 싶다는 생각을 많이 한다. 그냥 바쁘게 일만 하는 병원이 아닌, 좀 더 여유롭게 내가 하고 싶은 다른 일도 동시에 하면서, 환자들에게도 좀 더 멋진 진료환경을 제공하고 싶다. 지금까지 가졌던 고리타분한 사고방식을 좀 바꿀 필요가 있는 것이다.

그리고 나에 관한 책을 쓰고, 사람들에게 선한 영향력을 주고 싶다. 책과 강연을 통해서 내가 가진 꿈도 이루고, 사람들에게 희망을 주고 싶다. 의사라는 직업과, 마음 치유를 위한 멘토가 된다는 것은 너무나 잘 어울리는 것 같다. 이것은 나에게 크나큰 장점이고 참 감사한 일인 것이다.

　나는 미용 의학을 하는 의사지만, 겉모습이 예뻐지려면 내면까지 예쁘고 건강해야 한다는 것을 지금껏 많이 느끼고 고민해왔다. 실제로 그동안 환자들을 치료하면서 속 건강에는 이상이 없는지 점검해드리기도 하고, 내면에 슬픈 마음이 있다면 치유해드리고자 조언을 아끼지 않았다. 그런 나의 진정성에 고마워하는 환자들도 꽤 많았다. 그러면 나는 참 보람을 느끼곤 했다. 가끔씩 도저히 말이 안 통하는 진상 환자들 때문에 힘들었던 적도 많았지만, 이런 작은 보람이 나에게는 힘이 되곤 했다. 나는 책을 씀으로 해서 한층 더 발전된 모습으로 사람들에게 다가갈 것이다. 더욱 강하고 선한 영향력을 줄 것이다.

　사람들은 자존감을 높이고 나답게 살자고 많이들 얘기한다. 그놈의 자존감을 높인다는 게 뭘까? 우선은, 나에게 주어진 여건에서 나 스스로를 사랑하고 인정해주는 것이 먼저여야 할 것이다. 그 정도면 잘 살아왔다고, 애썼다고 스스로를 먼저 토닥거려보자. 그리고 상황이나 나이에 관계없이 나의 장점이나 원하는 것을 끊임없이 찾아내는 연습을 했으면 한다. 그리고 용기를 내어 도전하기를 바란다. 혹시 가까운 사람들 중에 나의 새로운 도전을 격려하지 않고 무시하거나 비난하는 사람이 있을 수 있다. 나는 과감하게 조언하고 싶다. 이런 사람들은 아무리 가까운 사이라 할지라도 거리를 두라고.

　많은 사람들이 경험하고 있다. 내가 진정 원하는 것을 했을 때 오히려 인생이 술술 풀리는 것을 말이다. 내가 진정 원하는 것을 하게 되면 짜잔! 하고 즐거운 목표의식이 생기게 된다. 그러면 기운 없이 축 처져 있던 사람이 갑자기 의욕적으로 바뀌게 될 것이다. 그리고 다 이루어질 것 같은 긍정적인 마인드를 갖게 되고, 원하는 것을 이룰 때까지 즐겁고 행복하게 견딜 수 있게 될 것이다. 내가 하고 싶은 것을 해야 하는 이유가 바로 여기에 있다! 의욕적인 삶, 사랑과 감사가 풍부한 삶을 살 수 있는 것이다. 그리고 이것이 바로 진정한 성공의 지름길이라는 사실을 꼭 기억하도록 하자! 이러한 삶이야말로 궁극적으로 하나님이 원하는 삶이며, 이 지구별에 내려와 살게 된 내 영혼이 진정 원하는 삶인 것이다. 우리 이제 정말 우리가 하고 싶은 대로 멋지게 살자!

05

친절하게 말하되 구체적으로 말하기

만만한 사람이 되지 않기 위해서는, 먼저 항상 나의 내면의 소리에 귀를 기울이는 습관이 중요하다. 일의 중요도나 우선순위를 잘 파악하기 위해서이다. 이것을 잘 해야 객관적인 판단을 잘 내릴 수 있고, 나 자신의 확고한 마음이 생긴다. 그렇게 되면 상대방의 말에 휩쓸리지 않고 단호하게 거절도 잘 할 수 있게 된다.

스티브 잡스의 명언 중에, "집중은 거절에서 시작된다."라는 글귀가 있다. 우리가 거절을 잘 못하고 질질 끌게 되면 결국 나와 상대방 둘 다 시간낭비를 할 위험이 있다는 뜻이다. 따라서 상대방에게 거절을 하거나 피치 못할 쓴 소리를 해야 한다면, 가능하면 빠르고 명확하게 하는 것이 좋다. 그래야 쌍방이 모두 에너지와 시간낭비를 줄일 수 있고, 결국 상대방의 실망도 줄일 수 있다.

사람들, 특히 착하고 선한 사람들은 왜 이렇게 거절하거나 쓴소리하기가 어려운 걸까? 혹시 내가 안 좋은 말을 한다고 해서 그 사람이 상처받을지 모른다고 생각하고 있는가? 그러나 이건 어쩌면 거절 받는 것에 대한 나의 두려움을 투사한 것일 가능성이 높다. 내가 거절당하는 게 두려우니 상대방도 거절당하면 상처받을 거라는 짐작이다. 그러나 상대는 생각보다 강하며 쉽게 상처받지 않는다. 막상 내가 거절한다고 해서 현실에서는 별일이 일어나지 않는다.

또한 많은 사람들이 자신이 해결하지 못하는 일에 대해 거절하기 미안해서, 일을 계속 지연시키는 방법을 쓰기도 한다. 왜냐하면 시간이 흐르다 보면 상대방이 눈치를 채고 알아서 물러날 거라는 기대 때문이다. 그러나 이렇게 행동하는 것은 문제를 회피하는 꼴이 되는 것이다. 또 어떤 사람은 도와줄 수 있을 만큼만 도와달라고 하기도 한다. 그러나 당장은 조금이라도 도와줄 수 있어 내 마음이 좀 편해진다 해도, 결국 나중에 더 큰 피해로 돌아갈 수도 있다는 것을 명심해야 한다. 왜냐하면 상대방은 완전히 거절당한 것이 아니니, 끝까지 내가 도와줄 거라는 희망을 품고 있을지도 모른다. 그렇게 해서 기다리다가 만약 기대에 못 미친다면, 상대방은 더욱 화가 날 수 있다. 그리고 나에게도 피해가 돌아올 수 있으며, 결국 아무리 좋은 관계였다 해도 위협을 받게 될 수 있다. 차라리 처음부터 거절했더라면, 상대방은 다른 방법을 찾았을 것이고, 관계도 크게 위협받지 않고 잘 유지되었을 것이다.

착한 사람들은 살다보면 자신을 만만하게 보고 무례한 말을 쉽게 하는 사람들이 있기 마련이다. 게다가 가끔 무리한 부탁을 하는 경우도 있다. 워낙 평소에 친절하고 배려심이 많기 때문에, 웬만한 부탁은 거절하지 않고 "예예." 하면서 거의 들어주는 모습을 많이 보였기 때문일 것이다. 그런데 평소에 이랬던 사람이 어느 순간, 어떤 문제에 대해서 단칼에 거부 의사를 밝힌다면 어떨까? 아마도 무례한 그 상대방은, 평상시 모습과 다른 나의 반전 모습에 깜짝 놀랄 것이다.

나를 만만하게 보고 무례한 태도로 나를 힘들게 하는 사람에게 늘 주눅 들며 산다면, 정말 가슴이 답답하고 화병이 날 지경이 될 것이다. 마음속으로는 이렇게 말할까 저렇게 말할까 할 말이 맴돌기만 할뿐, 정리도 안 되고 도저히 말이 밖으로 잘 튀어나오지도 않는다. 그래서 나는 많이 고민하고 여기저기 조언을 구하기도 했다. 어떻게 말하면 서로 기분이 상하지 않게 내 의견을 뚜렷하게 표현할 수 있을까? 내가 알아낸 몇 가지 방법을 소개하고자 한다.

인간관계에서 가장 중요한 건 진실함이라 생각한다. 내 생각을 솔직하게 이야기해야 된다는 거다. 흔히 "당신이 나에게 그렇게 무례한 요구를 하면 안 되죠."와 같이 상대방(You)이 주어로 된 문장을 사용하게 된다. 물론 일단 기분이 나쁘니 이런 식으로 말을 하고 싶을 것이다. 그러나 이런 표현은 상대방에게 내가 화를 내는 꼴이 되어 분위기를 이상하게 흘러가게 만들 수 있다.

그래서 나는 '나(I) 화법'을 사용해야 한다고 강조하고 싶다. 말하고 싶은 문장을 표현할 때 주어를 나(I)로 시작하자는 것이다. 사용해보면 알겠지만 진짜 신통방통한 방법이다. 왜냐하면, "나는요." 하고 내 감정을 표현하기 시작했을 때, 내 마음이 일단 차분해질 수 있기 때문에 좋은 대화를 시작하는 데 정말 큰 도움이 된다. 그리고 일단 차분하게 말이 시작되었으면, 솔직한 내 생각을 차근차근 잘 말할 수 있게 된다. 나직한 목소리로 이렇게 표현하면, 상대방도 별로 기분 나쁘지 않게 된다. 그리고 나의 솔직한 표현에 원망하거나 비난하는 사람은 아마도 없을 것이며, 내 마음을 훨씬 잘 이해해줄 것이다.

나(I)로 시작하는 문장을 예를 들어보겠다.

"내가 지금 기한을 맞춰서 해야 할 일이 있어서 그때까지는 다른 일을 할 여유가 없네요."

이 문장은 나와 별로 친하지 않은 사람이 부탁을 했을 때 사용하면 좋은 말이다. 이때 기한이 언제인지 구체적으로 밝힐 필요는 없다. 왜냐하면 어차피 친한 사람도 아니기 때문에 자세한 설명을 할 필요도 없고, 상대방도 군이 그 날짜를 알고 싶어 하지도 않을 것이기 때문이다. 이 문장에서 중요한 키워드는 바로 '나'와 '기한'이라는 단어다. '나'로 시작하는 문장으로 나의 불가능한 상황을 솔직하게 어필하는 동시에, 이 '기한'이라는 단어로 임팩트를 주게 되어 아주 좋은 표현이 되는 것이다.

"지금 제가 일정이 너무 꽉 차서 그러는데, 죄송하지만 그에 상응하는 보수를 받아야만 가능할 것 같습니다. 저의 입장을 이해해주시면 정말 감사하겠습니다."

"제가 환자분께 특별히 잘해드리려고 처음부터 많이 배려해드린 부분이 있습니다. 그래서 그 이상으로 더 원하는 것이 있으시면 비용을 다시 상의해드려야 할 것 같습니다."

이 표현은 상대방이 자꾸만 무리하게 공짜로 해달라고 요구할 때 쓸 수 있는 좋은 문장이다. 내가 가진 능력은 큰 가치를 지닌 것인데, 상대방이 자꾸만 무료로 해달라고 조른다고 해서 다 들어줘서는 안 되기 때문이다. 따라서 필요할 때는 단호하게 거절하는 것이 나의 자존감을 세우는 데 도움이 되고, 앞으로 더 큰 손해를 보는 것도 예방할 수 있다.

"저도 만나 뵙고 싶지만, 몇 월 며칠까지는 시간을 내기 어려울 것 같습니다."

이 문장은 누군가를 만나기 싫을 때 할 수 있는 표현이다. 일적이든 남
녀관계든 우리 착한 사람들은 나를 만나고 싶어 하는 상대방의 호의(?)를
거절하기가 참 힘들 때가 많다. 왜냐하면 일단 나라는 사람을 좋게 봤기
때문에 제의를 한 것이므로, 혹시 단칼에 거절했다가 나의 인간성에 실
망하는 것은 또 못 참아주기 때문이다. 그러나 솔직한 마음은 정말이지
억지로 만나기가 더 싫은 건 사실이다. "내가 왜 당신을 만나야 하나요?"
하고 솔직하게 말하고 싶겠지만, '나', '저'로 시작하는 문장으로 융통성
있게 표현하면 예의 있게 거절할 수 있다. 내가 바빠서 시간이 없다는 핑
계를 대며, 단도직입적인 표현이 아닌 부드럽게 거절하는 것이기 때문에
상대방도 별로 기분 나쁘지 않을 것이다. 그래도 상대방이 만나달라고
계속 조른다면, "연락처를 주시면 제가 시간이 날 때 바로 연락드리겠습
니다." 또는 "그렇다면 제가 시간이 날 때 다시 알려드릴 테니 그 시기를
맞춰주셔야 되겠습니다."라고 말하면 된다. 이렇게까지 말하면 대부분의
경우 스스로 포기하고 물러날 것이다.

만약 누군가가 내가 도저히 들어줄 수 없는 능력 밖의 일을 부탁한다
면, 나는 이렇게 말한다.

"미안하지만, 제 생각엔 그건 제가 도저히 할 수 있는 일이 아닌 것 같

습니다. 제 능력 밖의 일이네요. 그러니 다른 분에게 먼저 부탁해보시는 건 어떨까요? 아니면 도와드릴 수 있는 다른 사람을 제가 한번 수소문해 볼까요?"

"응, 친구야. 너의 상황이 급한 건 내가 충분히 이해해. 그런데 내가 생각하기에 나도 내 여건이 너무 안 좋은 상태라 도저히 도와줄 수가 없을 것 같아. 상황이 급하니 다른 사람에게 먼저 알아보는 게 어떨까?"

이렇게 말하면 물론 상대방이 처음에는 서운해할 수 있다. 그러나 질질 끌거나 애매하게 대답했다가 더 큰 일이 발생할 수도 있다는 것을 꼭 기억해야 한다. 결국 상대방은 다 이해해줄 것이고, 서로 좋은 관계도 계속 이어질 수 있을 것이다.

스페인 속담에, '제대로 양해를 구하면 거절해도 크게 기분이 상하지 않는다.'라는 말이 있다. 17세기 스페인 작가 발타자르 그라시안의 고전 명작, 『사람을 얻는 지혜』라는 책을 보면, "부탁을 들어주지 못한 빈자리는 예의로 채우고, 해주지 못한 행동은 좋은 말로 대신해야 한다."라고 쓰여 있다. 그러니 상대방에게 거절을 하거나 쓴 소리를 할 때도 예의 바르고 차분하게 한다면, 내 뜻을 충분히 전달하면서도 서로 상처받지 않게 할 수 있다.

또한 중요한 것은 부드러우면서도 단호하게 말해야 한다는 것이다. 머뭇거리거나 애매한 표현은 금물이다. 표현이 어렵다면, '나'로 시작하는 문장을 하되, 간결하고 짧은 말로 솔직함을 표현하면 된다. 너무 긴 문장보다는 간결, 명료한 표현이 훨씬 깔끔하게 상황을 정리하는 방법이 될 수 있다.

소신 있고 솔직하게 말하는 것은 예의를 지키는 모습이다. 여기에 더해 간결한 표현으로 단호하게 말한다면 금상첨화다. 그러면 우리는 어떤 상황에서도 당당한 모습으로, 상대방에게 내 뜻을 잘 전달할 수 있을 것이다.

06

행복과 성공의 비결은
착한 이기주의자가 되는 것!

요즘은 '착한 이기주의'란 말이 그리 생소한 말이 아니다. 그리고 '이기주의'의 반대말이 꼭 '이타주의'도 아닐 것이다. 나는 이기주의를 남에게 피해만 주는 그런 개념으로 이해하면 안 된다는 생각이 든다.

'착한 이기주의'는 자신의 기분이나 욕구, 의지를 바탕으로 일상의 모든 일을 판단하고 선택하고 행동하는 생활 방식을 말한다. 즉, 인생의 모든 기준을 자신을 중심축으로 삼아 생각하는 것으로, 모든 판단과 행동 기준이 자신으로부터 생기는 것을 말한다. 다시 쉽게 말하자면, 남에게 피해를 주지 않는 범위 내에서 '나'를 최우선으로 삼는 것을 말한다.

이기주의란 단어 때문에 선입견을 가질 수 있지만, 조금은 객관적이고 중립적으로 한번 생각해보기로 하자. 남에게 피해를 주지 않으면서, 나 자신을 최우선으로 생각하는 착한 이기주의로 살려면 과연 어떻게 해야 할까?

우선, 항상 나의 마음을 관찰하는 습관부터 시작되어야 한다. 자기 중심적 심리학에서 나온 말인 만큼, 우리는 매 순간 자기 자신을 느끼며 사는 습관을 가져야 한다는 것이다. 우리가 살아오면서 진정으로 내가 원하는 것이 무엇인지 깊이 생각해본 적이 몇 번이나 있었을까? 공부하기 바빠서, 일하기 바빠서, 아이 키우기 바빠서 앞만 보고 달려가지 않았던가? 한번이라도 멈춰 서서 또는 일정 시간을 할애해서 진정으로 나 자신을 돌아보는 기회를 가진 것이 몇 번이나 될까? 앞만 보고 달리며 타인을 위한 삶만 살다 보면, 모든 생각과 행동의 기준이 타인에게 돌아가기 쉽다. 특히 뭐든지 배려하고 헌신하기만 하는 착한 사람들은 남의 인정과 사랑에 좌우되기 쉽다. 그러나 이제부터는 나 자신이 순간순간마다 느끼는 감정이 무엇인지 알아차리는 것부터 시작해야 한다. 그리고 내 마음이 지향하는 것이 무엇인지 알아야 진정 나 자신에 대해서 제대로 알고 있다고 할 것이다.

가령 문득 어떤 감정이 들었을 때, "나는 지금 무엇 때문에 이런 기분이 드는 걸까?", "나는 지금 무슨 일을 하다가 이런 기분을 알아차리게 되었을까?"라는 식으로 생각해보기 바란다. 이렇게 하면, 내가 쓸데없는 감정에 휩싸여 에너지 낭비하는 것을 방지할 수 있고, 보다 객관적이고 현명한 판단을 하는 데에 도움이 된다. 결국 착한 이기주의의 삶이란, 능동적으로 자기 삶을 주관하는 인생이다. 인생이라는 무대에서 온전히 주인공 역할을 하는 것은 바로 나 자신이라는 것이다.

　나는 두 딸을 키우는 엄마이고, 의사라는 직업을 가진 직장맘이다. 한때, 아이들이 초등학교 저학년에 다닐 때 학교 준비물을 제대로 못 챙겨갈까 봐 전전긍긍했던 시절이 있었다. 이해가 안 가는 게 글쎄 내일 가지고 가야 할 준비물을 꼭 그 전날 알림장에 적어줬다는 것이었다. 집에서 주부로 있는 엄마는 아이들이 집에 돌아오자마자 챙겨줄 수 있지만, 우리같이 저녁 늦게 퇴근해야 하는 직장맘들은 준비물 챙기는 것을 놓치기가 쉽다. 자유로운 영혼의 우리 아이는, 평소에 착실하게 엄마한테 전화해서 준비물에 대해 미리 알려주지도 않았던 터였다. 그래서 나는 할 수 없이 다른 엄마에게 전화해서 그날그날 준비물이 무엇인지 퇴근 전에 물어보곤 했다. 그런데 물어보는 나의 목소리가 나도 모르게 굉장히 눈치를 보는 말투였다.

　"죄송한데 ○○어머니~ 내일 우리 아이들 학교 준비물 있나 해서 전화 드렸어요. 좀 가르쳐주시면 안 될까요? 매번 이렇게 번거롭게 여쭤봐서 죄송해요."

　"아 네~ 그렇군요. 그런데 애가 얘기 안 하던가요? 내일 ○○○ 준비물이 있네요."

이렇게 말하며 짧고 퉁명스럽게 얘기하고는 전화를 금방 끊어버린다. 직장맘이라면 다 알 것이다. 이 말투가 무슨 의미인지. 집에서 주부로 사는 자신보다, 직장에 나가서 돈을 벌고 생계에 힘써야 하는 직장맘들을 은근히 무시하는 말투다. 너희 남편보다 우리 남편이 돈을 더 잘 버는 부자라는 뜻이며, 동시에 아이 교육에 관심도가 상대적으로 떨어지는 무심한 엄마라는 비난하는 뉘앙스가 은근히 묻어나는 말투다. 조금은 내 자격지심인가 싶기도 했다. 준비물을 제때 못 챙길까 봐 전전긍긍하며, 겨우겨우 다른 엄마에게 물어보고는, 결국 밤늦게 24시간 대형마트에 들러 준비물을 사곤 했던 내 신세가 처량했을까? 그러나 저런 느낌은 분명, 아이가 한국의 공교육 혜택을 받고 있는 동안 계속 느꼈던 감정들이었다. 그래서 한번은 집에서 아이에게 물어본 적이 있다.

"연우야. 엄마가 매일 밖에 나가서 일하니까 너를 잘 못 챙겨주는 게 있는 것 같아. 혹시 너는 엄마가 일하는 엄마라서 불편하거나 싫은 적이 있니?"

그랬더니, 자유로운 영혼의 소유자인 우리 아이는 아주아주 솔직하게 이렇게 말한다.

"음…, 그건 솔직히 말해서, 엄마가 일하니까 내가 불편한 점이 완전히 없는 건 아냐. 그렇지만 어떡하겠어? 엄마가 돈을 벌어야 우리가 밥을 먹고 살지. 그리고 나는 엄마가 훌륭한 의사라서 너무 좋아. 내가 보고 배울 점이 많은 것 같애."

　나는 이때 정말이지 이렇게 솔직하게 말해주는 1학년짜리 우리 아이가 너무 예뻤다. 그리고 우문현답, 최고의 정답이었다. 솔직한 말로 현실적인(?) 판단을 해주면서도, 엄마의 일이 멋지다고 칭찬까지 해주다니 말이다. 나는 안다. 우리 아이는 다른 아이들과 다르다는 것을. 엄마보고 밖에 나가 일하지 말고 집에서 자기만 챙겨달라는 이기적인 아이도 있을 텐데 말이다. 우리 아이는 힘들게 열심히 살고 있는 엄마를 이미 벌써 다 이해하고 있었던 것 같다. 그리고 스스로 강하게 마음먹고 긍정적으로 생각하려고 했던 것이다. 나는 아이에게, "엄마는 맨날 밖에 나가서 바쁘게 일하지만, 항상 언니랑 너만 생각하며 산단다. 그리고 너희가 정말 멋지게 자랐으면 좋겠어. 엄마도 훌륭한 의사로, 멋진 엄마로 살도록 계속 노력할게."라고 얘기해줬다.

　나는 그때 깨달았다. 아이들에게 무조건 옆에 꼭 붙어서 헌신만 하고 희생적인 모습만 보여주는 엄마라고 다 좋은 것만은 아닐 것이다. 의무를 다하기 위해 최선을 다하면서도, 자기 자신의 삶도 열심히 살아가는 멋진 엄마의 모습을 보여주는 것이 더 나을 수도 있다고 생각했다. 나는, 아이가 보고 따라 할 수 있는 모범이 되는 엄마가 되겠다고 결심했다. 내가 스스로 떳떳하고 자존감이 살아있어야 아이들도 그런 엄마의 모습을 보며 당당한 여성으로 자랄 거라 생각한다. 결국은 내가 행복해야 내 가족도 행복한 것이다.

엄마는 집안의 해님이라 했던가? 한 가정 내에서 엄마의 표정이 이렇게 중요할 줄은 몰랐다. 그런데 표정이 억지로 되는 게 아니더라는 것이다. 내 속이 편해야, 내 맘이 행복해야 얼굴표정도 그렇게 나오는 것을. 엄마들이여! 희생과 헌신만 하며 스트레스를 받고 있는가? 그것은 얼굴에 다 묻어나는 법. 그리고 그것이 내 아이에게, 가족에게 안 좋을 수 있다는 것을 알았으면 좋겠다. 그러니 스스로 스트레스에 찌든 모습이 아닌, 행복한 엄마, 멋진 아내가 되기 위해 노력하는 시간을 갖도록 하자. 더 정확히 말해 스스로가 행복한 여자가 되기 위해 노력하잔 말이다. 쓸데없는 곳에 에너지 쏟지 말고 자기 계발이나 교양을 높이는 데에 힘쓰고, 커리어를 높이는 데 힘쓰자. 그리고 몸과 맘이 모두 건강할 수 있도록 자신에게 투자를 아끼지 말자. 이건 절대로 나만을 위한 행동이 아니다. 오히려 내 가족과 함께 행복하게 지낼 수 있는 착한 이기주의자의 훌륭한 모습이다.

아이와의 관계뿐만 아니라, 남녀관계나 사회에서도 마찬가지일 것이다. 나는 진정한 행복과 성공으로 이끄는 착한 이기주의는 바로 '남에게 의존하지 않는 삶'이라고 생각한다. 착한 사람 콤플렉스가 있는 사람은 무슨 일이든지 남의 평가에 흔들리고, 남에게 인정을 받으려는 욕구가 강하다. 이 또한 자신이 삶의 주인이 되어 살아가는 것이 아닌, 다른 사람에게 의존해서 사는 모습이 아닐까? 하기 싫은 일을 억지로 하게 될 수도 있고, 그 의무감과 책임감에 스트레스를 받을 수도 있다. 따라서, 남에게 의존하지 않고 자신의 삶을 스스로 고민하고 해쳐가며 사는 사람들이야 말로 진정한 착한 이기주의자로 살아가는 모습이다. 다른 사람과 비교할 필요도 없고 눈치를 볼 필요도 없다. 불평할 필요도 없고 과거에 연연하지 않는다. 오직 현재의 행복만을 생각하며 거침없이 행동하며 살아갈 수 있다. 이렇게 착한 이기주의자로 살면, 불필요한 에너지를 줄여 스스로 더 행복한 삶을 누리고, 보다 큰 성공을 거두며, 결국 타인과도 훨씬 더 풍요로운 관계를 유지할 수 있을 것이다.

07

바로 '예스'라고 하지 말고
'그런데요'라고 말하기

TV 프로그램 〈그것이 알고 싶다〉에서 김상중 씨가 자주 하는 말인, '그런데 말입니다.'는 워낙 유명한 멘트여서 모르는 사람이 없을 정도이다. 그런데 이 '그런데 말입니다'는 묘한 매력이 있는 말 같다. 원래 사전적 의미로는, 화제를 다른 것으로 돌릴 때 쓰는 말이다. 그렇지만 일상적인 대화에서는 상대방의 의견에 반박하는 말을 하고자 할 때 더 많이 쓰는 표현일 것이다. 그런데 묘하게도, 이 말은 상대방의 의견에 강하게 따지는 느낌이 아니라, 오히려 하고 싶은 말을 부드럽게 돌려서 말할 수 있도록 해주는 문구인 것 같다. 그래서 상대방이 듣기에도 너무 강하게 들리지 않고 거부감도 별로 일으키지 않을 것 같다.

착한 사람 콤플렉스를 가진 사람들이 거절을 하기는 쉽지 않다. 남에게 쓴소리하는 것 자체를 두려워하고 꺼리기 때문에, 누군가의 부탁에 마지못해 곧바로 '예스'라고 말하기 쉽다. 그러나 이제는 예스라고 말하기 전에 잠깐 멈추는 연습을 해야 한다. 그러고 나서 잠시 생각을 한 다음, 좀 더 자세한 근거나 이유를 상대방에게 요구할 줄도 알아야 한다. 착한 사람들은 알고 있겠지만, 적절한 순간에 멈추기(stop!)를 하는 것이 가장 힘든 부분이다. 이럴 때 바로 '그런데요.'라는 말을 기억하면 된다.

"그런데요. 제가 당신의 부탁을 꼭 들어줘야 하는 이유를 좀 더 설명해 주시겠어요?"

"그런데요. 그 일은 굳이 제가 하지 않아도 될 것 같습니다만."

"그런데요. 미안하지만, 저는 상황이 도저히 여의치가 않아서 당신의 부탁을 들어드릴 수 없을 것 같습니다."

"그런데 잠깐만. 나는 지금 왜 이런 감정이 드는 걸까? 혹시 지금 상황이 나에게 부당하거나 손해가 될 수도 있는 것일까?"

이런 식으로 문장의 제일 앞에 '그런데요.'라는 단어로 말을 시작하면, 당황하지 않고 일단 쉽게 멈추기가 가능해진다. 그러면 나 스스로도 한 박자 쉬면서 그 다음에 내가 하고 싶은 솔직한 얘기를 천천히 할 수 있게 된다. 상대방도 또한 만만하게 봤던 사람이 갑자기 멈추기를 시도하니 살짝 놀라면서 집중을 해줄 것이다. 우리 한글은 참 신기하다. 한 단어만

썼을 뿐인데, 이렇게 말할 용기도 주고 대화의 분위기도 바꿔놓으니 말이다.

'그런데요.'라고 말하면서 멈추기가 가능해지려면, 거기에 앞서 우선 내 시간과 에너지를 쓸데없는 곳에 낭비하지 않겠다는 의지가 필요하다. 우리는 대부분 보험 영업을 하는 전화나 보이스피싱 같은 전화를 받고 스트레스를 받은 경험이 한두 번쯤은 있었을 것이다. 그러고 나서 다음에 또 비슷한 전화가 걸려왔을 때 우리는 과연 어떻게 되던가? 아주 자연스럽게 대담한 까칠함으로 대응할 수 있고, 쉽게 끊어낼 수 있게 된다. 이와 같이 똑같다고 생각하면 된다. 물론 내 지인이나 가까운 사이라면 더 힘들 수는 있다. 그러나 그들이 내가 죽을 때까지 꼭 함께해야 한다는 원칙은 없지 않은가?

사람은 나이가 들면서 점점 친구도 줄어들고, 사람들과 상호 관계도 줄어가는 것 같다. 이것은 사람들이 서로 멀어지고 외로워지는 것이 절대 아니다. 나이를 먹어가면서 내 곁을 지켜줄 사람은 극소수에 불과하고 그 사람들이 진정으로 내 소울메이트라는 깨달음이 오는 것일 거다. 진짜 친구 한두 명이면 됐지 굳이 여러 사람과 피곤한 관계를 끌고 갈 필요는 점점 없어지는 것 같다. 이것은 자연스러운 현상일 것이다. 그러므로 시간이 흐르면서 나에게 좋은 사람과 안 좋은 사람이 점점 가려지는 것을 두려워하지 말았으면 좋겠다.

그리고 나이가 들어가면 혼자 고요히 있는 시간도 점점 좋아지는 것 같다. 사람보다는 자연이 더 좋고, 심지어 자연과 소통하고 싶어진다. 혼자 차 한 잔을 마시면서 사색에 잠기고 좋아하는 책을 읽는 시간이 점점 소중해진다. 내가 옛날 사람이라 그런지는 모르겠지만, 방송에서 나오는 뉴스거리나 SNS의 남들 얘기에 점점 관심이 줄어든다. 그냥 오로지 지구에 사는 나라는 영혼에 대해서 생각하고, 내가 이 지구별에 살면서 어떤 멋진 삶을 살 수 있을까 하는 즐거운 상상에 잠기곤 한다.

세상에서 가장 중요한 사람은 바로 나 자신이다. 그리고 내 가족은 그 다음이며, 그 밖에 지인들은 또 그 다음일 것이다. 내가 행복한 표정으로 행복하게 살아야 내 가족은 물론 내 주위의 모든 사람이 또한 그 영향을 받는다는 것을 기억하자. 나도 가끔은 딜레마에 빠지곤 한다. 내 가족과 지인들이 안 좋은 모습을 보여주거나 나에게 안 좋은 영향을 미칠 때가 있다. 이럴 때 내가 모든 걸 감싸 안고 그들을 계몽하기 위해 노력해야 하는지, 아니면 그들과 거리를 둬야 하는지 혼란스러울 때가 있다. 착한 사람들은 아마도 이런 고민을 많이 할 것이다. 그러나 여기까지는 이렇게 하고 아니면 저렇게 해야 하는 그런 정해진 공식은 없을 것이다. 나도 아직 여기에 대한 대답을 확실히 할 수 있는 사람은 아니다.

그러나 한번 제안해본다. 내가 영적으로 선한 영향력을 주고자 한다면, 그들에게 한번 노력해보기로. 그런데 몇 번 해서 안 되면 서서히 거리를 두거나 강약 조절을 해야 한다는 것 또한 명심하자. 기준은 내가 감당할 수 있는 만큼만, 그리고 나에게 큰 손해가 없을 만큼만이다.

'오는 사람 막지 말고 가는 사람 붙잡지 말라'는 법정 스님의 말씀이 있다. 우리 착한 사람들은 지금 내 곁에서 떨어져나갔으면 하는 사람도 많은데, 오는 사람을 막지 말라니 참으로 피곤하게 들리는 말이다. 그러나 무조건 사람을 모두 경계하고 새로운 인연을 두려워하기만 할 수는 없다. 오는 사람을 막지는 말되, 처음부터 친하게 지내려 하지는 말고 일정 거리를 두면서 좀 더 알아보는 시간을 가지면 될 것이다. 가장 중요한 것은 내가 나 자신의 속마음에 솔직하냐이다. 모든 판단의 기준은 나 자신이 가장 우선이어야 한다. 그리고 내가 하고 싶은 말, 내가 원하는 것을 상대방에게 진솔하게 드러내는 편이 낫다. 이렇게 하면 상대방은 스스로 내 곁에 있든지, 멀리 떨어져 나가든지 알아서 결정할 것이다.

나를 우선해서 생각하고 판단하는 습관, 그리고 상대방에게는 처음부터 끝까지 솔직하게 대하기. 이것이 우리 착한 사람들이 머리 아프지 않고 쉽게 할 수 있는 팁이라면 팁일 것이다. 그러니 '그런데요.'라는 단어를 자주 사용해보자. 나를 한 박자 쉬게 해주고, 생각의 중심을 나로 돌아오게 만들며, 흥분하지 않고 상대방에게 부드럽게 말을 시작할 수 있는 아주 요긴한 단어니까 말이다.

혹시나 내가 너무 솔직하게만 말하면 나를 실없는 사람으로 보거나 당돌하게 보지 않을까 걱정되는가? 그러나 생각해보면, 설사 상대방이 나를 그렇게 생각한들 그게 무슨 상관이랴? 내가 손해 보는 것보다는 낫지

않은가? 얼굴 철판, 내 맘대로 마이웨이 정신이 필요하다. 어차피 인간
은 이기적인 존재다. 팔이 안으로 굽지 밖으로 굽지 않는다. 그러니 착한
사람들이여! 조금은 얼굴에 철판도 깔고 계산할 줄도 알아야 한다. 좀 이
기적으로 살자는 말이다.

　착하게 살다가 어쩌다 이기적이 되라는 것이 아니다. 반대로, 평소에
이기적으로 살다가 어쩌다 한 번씩 착한 일을 베풀자 하는 마인드로 살
기를 바란다. 우리는 아무리 이런 마음으로 살려고 해도 남들만큼 진짜
이기적이 되기는 어려우니 혹여나 걱정은 하지 말기를. 그러니 맘 놓고
까칠하게 살기를 바란다. 진정한 착한 이기주의자의 삶을 위해, 무엇이
든 꺼림칙하거나 뭔가 부당한 것 같은 느낌이 들 때면, 무조건 '그런데
요.'라고 툭 던지기를 약속!!

5장

가장 소중한 나!
이제는
착한 이기주의자로
살겠습니다

01

오늘도 수고하셨습니다

　나는 어렸을 적부터 잔병치레를 많이 한 편이다. 형제 중에 유독 내가 제일 몸이 약했던 것 같다. 기억이 가물가물하지만, 아버지를 따라 근처 큰 도시로 나가 흉부 엑스레이를 가끔 찍곤 했는데, 내가 의사가 돼서 생각해보니 내가 어릴 때 폐결핵 치료를 받았던 것 같다. 하얀색 동그란 알약을 몇 개월 먹었던 것도 기억난다. 아버지는 일을 마치고 집에 들어오셔서는 늘 내 팔뚝을 걷어 올리며 말랐는지 살이 올랐는지 자주 체크하셨었다.

　나는 기억이 안 나지만, 부모님은 내가 고열이 심하게 나는데 도저히 열이 내리지 않아 택시를 타고 주위 도시를 이리저리 병원을 배회한 적도 있다고 하셨다. 그때 장티푸스를 진단받았었고, 심한 고열에 하마터면 죽을 뻔했다고 하셨다. 그 밖에도 나는 자주 열이 나고 아파서 엄마 품안에서 밤을 지새웠던 기억이 많은 것 같다. 심지어 편식도 심하게 해 엄마 속을 많이 썩였다.

어렸을 적부터 이름 모를 보약들을 자주 먹고, 한약도 자주 먹어봐서 그런지 어른이 되어서도 양약, 한약 구분할 것 없이 모든 약들을 참 잘 먹는 편이다. 한 가지 신기한 것은, 아주 꼬마 때부터 나는 일기예보였다. 비나 눈이 오기 전에는 반드시 다리가 아파서 맨날 주무르고 두드리고 파스를 달고 살았었다. 그런데 그런 체질은 지금까지도 지속되고 있는 탓에 주위 사람들을 가끔 놀래키곤 한다. 그리고 우리 둘째 딸도 나의 체질을 고스란히 물려받았는지 비만 올 것 같으면 우리 모녀는 쌍으로 여기저기가 아프다. 내 체질이 그래서 그런지, 나는 내 몸이 느끼는 통증이나 여러 증상에 대해서 좀 무딘 것 같다. 웬만하게 심한 증상이 아니면 그냥 무시하거나 대충 약 몇 알 집어먹고 참아 넘기기 일쑤였으니 말이다.

미용 분야 진료는 몸을 많이 쓰는 거의 막노동과 다름없는 일이다. 수술과 시술을 많이 한 탓에 나는 목 관절, 허리, 어깨, 팔, 손목, 손가락 관절까지 성한 곳이 없다. 이미 오래 된 만성 통증과, 많이 쓰면 어김없이 악화되는 재발성 통증으로 인하여 나는 늘 약을 달고 산다. 그 흔하고 흔한 재활 치료나 도수 치료는 받아본 적도 없다. 그래서 쉴 틈 없이 매일

매일 지속된 정신적, 육체적 노동으로 인해, 내 몸은 이미 상할 대로 상해버렸다. 우리 의사들은 많이 이렇게들 산다. 정작 자신의 몸은 돌보지 못한 채, 모든 에너지를 갈아 넣어서 일하고 또 일한다. 여자 의사들은 집에 가면 또 집안일도 하고 아이 양육도 한다. 알 만한 사람들은 다 알고 있겠지만, 의사는 가족들만 좋지 의사들 자신의 삶은 고달프기 짝이 없다. 정신력으로 버티며 일 하다가, 과로해서 쓰러질 뻔한 일은 수도 없이 많다. 링거로 버티고 정신력으로 버틴다.

우리 인간의 몸은 참 신비롭다. 살다 보면 내가 힘든 걸 내 정신이 아닌 몸이 먼저 말해주는 경우가 더러 있지 않던가? 나 역시 그런 경험이 참 많다. 경험자로서, 의사로서 말하건대 몸이 주는 신호(sign)를 절대 무시해서는 안 된다! 내가 어떤 잘못된 생활 습관이나 만성 스트레스로 인하여 자율 신경계의 균형이 깨지게 되면 어느 순간 우리의 몸은 밖으로 신호를 보낸다. 그 신호는 두통, 흉통과 같은 통증이 될 수도 있고, 어지럼증이나 실신할 것 같은 느낌일 수도 있다. 혹은 출혈이나 하혈로 나타나기도 하고, 설사와 같은 위장 증상으로 나타날 수도 있다. 우리는 살면서 이러한 증상들이 갑자기 나타나거나 너무 오래 지속되면, 한 번쯤 내 몸을 점검해볼 필요가 있다. 그렇게 해서 큰 질환이 발견되지 않으면 다행인 것이다. 그러나 큰 병이 발견되지 않았다고 해서 맘 놓을 일도 아니다. 왜냐하면, 이 증상들은 큰 질병으로 진행되기 이전에 내 몸이 나에게 보내는 몸조심하라는 신호(sign)일 수도 있기 때문이다. 우리는 반드시

이 사실을 잊어서는 안 된다.

특히 착하고 여린 사람일수록 억눌린 감정으로 인해 자율신경계의 균형이 깨지기 쉽다. '화병'이라는 말도 있지 않던가. 착한 사람들은 헌신만 했다가 상처를 받는 일이 흔하고, 또 자신의 마음을 솔직하게 밖으로 잘 표현하지 못하기 때문에 그 억눌린 감정에 우울증이 생기거나 신체적인 증상으로 나타나는 정신신체 질환(psychosomatic disease)을 앓기 쉽다. 따라서 우리는 이런 증상이 보이거나 병원에서 진단을 받게 되면, 몸이 보내주는 신호를 무시하지 말고 근본적인 원인을 되짚어볼 필요가 있다. 그래야 암, 심장병, 자가면역 질환 등의 심각한 질병을 예방할 수 있는 것이다. 그리고 이 신호들을 잘 알아차려서, 정신적으로 행복한 삶을 살기 위해 노력하는 계기로 삼아야 한다.

나 역시 병원을 폐업할 때쯤, 이런 일이 많았던 것 같다. 왠지 자꾸만 쓰러질 것 같아서 손으로 쓰러지는 머리통을 손가락으로 자꾸 일으켜 세우는 행동을 하곤 했는데 이게 바로 공황장애의 초기 증상이었던 것이다. 의사인 나도 빨리 알아차리지 못하고 방치하고 살았으니 참 어이가 없다. 급기야 병원 전화 소리만 들려도 심장이 두근거리고, 환자가 조금만 안 좋은 표정을 지어도 공포심이 밀려오곤 했는데, 나중에야 내가 공황장애가 있는 것을 깨달았다. 이 와중에 병원에 불을 지르겠다는 환자의 협박 전화로 경찰을 부르는 소동까지 벌였으니, 나는 결국 다음날 아침 갑자기 하혈까지 하게 되었다. 나는 또렷이 그 순간을 기억한다. 나는 지금 내 몸이 보내는 신호를 아주 강력하게 인지해야만 했고, 이번엔 결코 그 신호를 무시하지 않겠노라고 다짐했던 그 순간을 말이다. 그래서 바로 그날 저녁 병원을 매물로 내놓았다.

우리 몸은 참 신비롭다. 내 정신보다 내 육체가 오히려 항상 깨어 있는 것 같다. 우리는 우리 몸에 대해서 어떻게 생각하고 있는지, 우리 몸은 지금 어떤 상태인지 깊이 고민해본 적이 있는가? 우리의 영혼은 지구에서 육신을 가지고 살아가고 있는 만큼, 우리의 몸은 참 소중하다. 우리의 몸은 여러 장기로 이루어져 있고, 장기들마다 하는 역할들이 배분되어 열심히 일하고 있다. 그 덕에 우리는 숨 쉬고 움직이고 생명을 유지하고 있으며, 사회생활을 하고 후손도 만들어낸다. 내가 전혀 생각하지도 못한 사이에 말이다. 너무나 훌륭하고 고맙지 않은가? 고로 우리는 우리 몸에게, 나의 장기에게 고마운 마음을 가져야 한다.

나는 가끔씩 나의 장기 부위마다 손을 얹고 맘속으로 대화를 하곤 한다. 50살이 다되어가는 지금까지 나라는 인간을 지탱해줘서 고맙다는 메시지를 보내곤 한다.

"심장아, 폐야, 갑상선아, 위장아. 내가 그렇게 몸을 혹사하며 힘하게 살아도 나를 지금까지 지켜주고 버텨줘서 정말 고마워. 그리고 그동안 내가 신경쓰지 못해서 정말 미안해. 앞으로는 너희들을 하나하나 사랑하고 아껴줄게. 그리고 이제는 내가 잘 보살펴줄게. 생명이 다할 때까지 우리 함께 열심히 건강하게 살도록 노력하자꾸나. 정말 고맙고 사랑해."

"자궁아. 내 소중한 자궁아. 정말 정말 고마워. 그동안 얼마나 고생이 많았니. 내가 너를 얼마나 등한시했으면 그렇게 자궁근종에 자궁용종에 생리통까지…. 나 때문에 그런 여러 질병으로 고생하게 만들어서 정말 미안하다. 그동안 내 속에 있으면서 호르몬 사이클에 따라 열심히 일하느라 얼마나 고생이 많았니. 걸핏하면 내가 무리해서 너의 사이클을 흐트러뜨리곤 하지 않았니. 네가 가끔 부정출혈로 나에게 신호를 보낼 때마다, 내가 지금 내 몸을 혹사시키며 살고 있구나하고 깨닫게 해줘서 정말 고마웠어. 그러나 이제는 그러지 않을게. 너를 고생시키지 않도록 내가 노력하고 아껴줄게. 그리고 나에게 어여쁜 두 딸도 선물해줬잖니. 정말 넌 너무나 소중하고 고마운 존재야. 내 일생에 가장 큰 선물을 준 너를, 이제는 내가 더 사랑하고 잘 보살펴줄게. 제발 건강하게 내 곁에 있어주렴."

내 장기에게 하는 말들이 우습게 들릴지 모르겠다. 그러나 우리의 몸은 파고들면 여러 개의 분자와 세포로 이루어져 있고, 그 입자 하나하나에는 생명이 있는 것으로 봐야 한다. 내 몸을 이루고 있는 분자, 세포, 장기들에게 하나하나 고마운 마음을 가지면, 바로 '나'라는 한 인간에게 사랑한다고, 고맙다고 얘기할 수 있는 것이다.

'나'라는 사람 전체를 한번 바라보자. 이 육신을 가지고, 이 정신과 영혼을 가지고 그동안 얼마나 고군분투하며 살아왔는가? 착하고 올바르게 살려고 그렇게 애써온 시간들이 조금은 후회스러운 면이 있을지라도, 그래도 기특하고 대견스럽게 느껴지지 않은가? 결과야 어떻든, 노력하며 애써온 나 자신에게 수고 많았다고, 사랑한다고 스스로에게 속삭여보자. 나라는 인간 전체에게, 그리고 나를 이루고 있는 세포와 장기들, 그리고 나의 영혼에게 하나하나 짚어가며 고맙고 사랑한다고 말해보자. 그리고 힘겹고 상처 많은 과거를 통해 우리는 이만큼 크게 성장했다는 사실을 꼭 잊지 말았으면 좋겠다. 하루하루를 늘 수고하며 살아가고, 매일매일 성장하는 나 자신에게, 정말 감사하고 사랑해!

02

내가 행복해야 가족도 행복합니다

우리가 어렸을 때는 부모님의 영향을 많이 받는다. 부모님의 사이가 좋고 협조적이면 대체로 아이들은 큰 문제가 없이 클 수 있다. 나는 어렸을 적 부모님이 부부싸움을 하거나 사이가 썩 좋지 않을 때 약간의 슬픔을 느끼곤 했다. 그러나 그것이 나의 큰 불행이라는 느낌은 받지 않아서 다행인 것 같다. 그러나 내 기억에 부모님의 사이가 그리 살가운 편은 아니었기에 알게 모르게 그 영향을 받았을 것이고, 이상적인 부부상이 어떤지는 제대로 배우지 못한 면은 있는 것 같다. 그러나 가족을 위해 성실하게 일하고 애쓰시는 부모님의 노력은 많이 보며 자랐기 때문에 이런 면은 또 은연중에 배웠을 것이다.

어렸을 때야 부모님의 부부관계가 어때야 하는지 관심조차 없었을 테지만, 내가 성인이 되어 결혼을 하고 아이를 낳아 기르는 부모가 되고 보니, 이제서야 심도 있게 부부관계나 가족관계에 대해 고민하게 되는 것 같다. 부모님의 영향을 벗어나 사회에 내던져져 온갖 경험을 하고 다양한 사람을 만나며 그 속에서 스스로 적응하며 행복을 찾기란 여간 어려운 게 아니다. 그런데 거의 반백 년 가까이 살아오면서 깨달은 한 가지는, 내가 행복하려면 우리 가족이 행복해야 한다는 것이고, 우리 가족이 행복하려면 내가 행복해야 한다는 것이다. 그러면 가족구성원 개개인이 모두 행복하면 가족전체가 행복해지는 것이다.

우리 부모님은 6남매나 되는 자녀를 뒷바라지하기 위해 물심양면으로 희생적인 삶을 사신 분들이다. 지금은 팔순이 넘으셨지만, 오직 자녀를 위해 애쓰시는 그 습관이 아직도 지속되고 있다. 이제는 자식들한테 효도 받으면서 편하게 사시라고 아무리 말씀드려도 말을 듣지 않으신다. 아마도 자식들을 위해 헌신만 하느라, 정작 자신들의 행복을 위한 삶을 살아보지 못해서 그런 것이리라. 습관이 참 무섭다. 우리 부모님을 보면 나는 그러지 말아야지 생각하곤 한다. 그러나 나도 보고 배운 것이 그런 거라고, 나도 모르게 내 가족을 위해 헌신하고 애쓰며 살아야 한다는 강박 관념이 있는 듯하다. 어렸을 적 특히 엄마의 얼굴이 기억이 난다. 엄마는 그 옛날 명문 대학을 나온 완벽주의 공부벌레 출신이어서 그런지 우리 자녀들을 완벽주의로 키우셨다. 그리고 항상 얼굴에는 피곤이 가득

한 얼굴이셨다. 어쩌다 엄마가 해맑게 웃는 표정이라도 지으실 때면 나도 덩달아 기분이 좋아지곤 했던 기억이 남아 있다. 잊고 살았지만, 나도 어린 시절 부모님의 얼굴 표정과 행동에 많이 영향을 받은 것 같다.

이쯤에서 우리는 또 한 가지를 더 알아야 할 것이 있다. 그건 바로 가족의 대표 얼굴은 바로 엄마라는 것이다. '아내'라는 말이 '안해' 즉 '집 안에 있는 햇님'이라는 말에서 나왔다는 주장들이 있다. 물론 이것이 진짜 어원은 아니지만, 이렇듯이 가족이 행복하려면, 가족의 중심인 엄마가 행복해야 한다는 뜻이다. 왜냐하면 주로 밖에서 일하는 남편은 집에 돌아와서 웃는 아내의 얼굴을 봐야 안정감과 행복감을 느낄 것이고, 마찬가지로 자녀들도 집에 오면 온화한 표정을 짓고 있는 엄마의 얼굴을 보고 살아야 안정감 있는 어린 시절을 보낼 것이다.

이렇게 말하면 대부분의 사람들은 삶에 찌들어 힘들게 사는데 어떻게 억지로 행복해하고 웃는 얼굴만 하고 살 수 있냐고 반문할 것이다. 맞다. 억지로 행복한 웃음을 지을 수는 없다. 그리고 내 가족을 위해서가 아니라 그 이전에 내가 진실로 행복해야 하는 게 먼저다. 그러니 내가 진정으로 나의 인생을 돌아보고 나라는 인간을 바라보며, 나 스스로 행복한 마음으로 살기 위해 어떤 노력을 해야 하는지 깊이 고민해야 한다.

착하고 여린 사람들은 더욱이 자신이 먼저가 아니라 내 가족이나 타인을 우선으로 생각하여 그들에게 맞춰주고 헌신하는 삶을 산다. 여기에 완벽주의 성향까지 더해지면 무한한 희생과 강박으로 이어지기도 한다. 그러나 이러한 삶은 결국 많은 상처로 돌아오는 경우가 많기 때문에, 과연 내가 베푸는 배려와 헌신이 무조건 모두에게 '선'으로만 작용하는지 잘 들여다보아야 한다. 학교에서, 직장에서 다른 사람만 배려하느라 참고만 산다면, 나중에 결국 나는 상처를 받고 관계도 망치기 쉽다. 또, 결혼해서는 내가 아닌 내 자녀나 가족의 행복과 성공을 위해 헌신만 하며 정작 스스로의 성장과 발전에는 관심을 기울이지 않는다면, 결국 나중에는 공허함이나 무기력을 느끼기 쉽다. 삶의 초점이 타인에게 맞춰져 있고 내가 뒷전이라면, 결국 나중에는 후회만 남을 뿐이다. 어떤 이는 타인에게 헌신함으로서 보람을 느끼기도 하지만, 많은 시간이 흐른 후 혼자가 되었을 때 자신에게 다시 집중하려면 힘들어질 수도 있다. 봉사 활동과 기부 활동을 많이 하는 사람들도 결국은 자기만족을 위해 한다고 하지 않던가. 모든 일의 중심은 깊이 파고 들어가면 결국 바로 자기 자신이라는 것이 자연스러운 결론일 것이다.

세상은 많이 변했다. 이제는, 우리 옛날 조상들처럼 타인을 위해 무조건적인 헌신만 하며 사는 것이 나의 사명이 될 수는 없다. 그렇다고 나만을 위한 이기적인 삶을 살라는 뜻은 아니다. 그럼, 진정한 행복이란 무엇일까? 나는 행복한 삶을 살기 위해서는 우선 매 순간 내가 느끼는 감정과 생각에 좀 더 집중해야 한다고 생각한다. 왜냐하면 행복은 그야말로 내가 마음먹기에 달려 있기 때문이다. 다시 말해서, 내가 어떤 일을 행하여 주위에 어떤 영향을 미치고 나면, 그다음에 나에게 돌아오는 결과물로 인해 내가 행복해지는 것이 아니라, 지금 이 순간 내가 행복하기로 마음먹으면 바로 그렇게 된다는 뜻이다.

유명한 행복론을 펼친 버트런드 러셀의 『행복의 정복』이라는 저서에는, 몇 가지의 행복 공식을 제시하고 있다.

첫째, 행복의 반대말은 불행이 아니라 권태라는 것이다. 우리가 살면서 불쑥불쑥 찾아오는 권태를 잘 견딜 수 있는 힘이 있어야 한다고 말하고 있다. 다시 말해, 혼자 조용히 지낼 수 있는 힘이 있어야 하고, 고독을 즐길 줄도 알아야 한다는 뜻이다. 타인을 통해서 나의 행복이 성취되는 것이 아니고, '나'라는 존재 하나만으로도 소중함을 느껴야 한다. 타인에게 받아야 할 인정과 사랑이 중요한 것이 아니다. 나 자신이 나 스스로를 사랑하는 혼자만의 고요한 만족감이 훨씬 중요한 것이다.

둘째, 삶에는 적당한 열정과 지혜로운 절제가 필요하다. 타인을 위한 헌신만이 아닌, 나의 성공과 행복을 위한 적절한 열정과 투자가 가능하면 지속되어야 하는 것 같다. 이것은 나이와 성별에 관계없이 반드시 이루어져야 하는 일인 것 같다. 특히 여성들은 결혼과 출산으로 인해 경력 단절이 되기 쉽고, 아이 양육에만 모든 에너지를 쏟는 경우가 많다. 마치 엄마라는 직업을 새로 가진 다음, 그 역할에 충실히 사는 것처럼 말이다. 그러나 솔직히 말해서, 가능하면 자신의 커리어를 유지하고 스스로 더욱 성장하는 데 좀 더 노력을 기울였으면 좋겠다. 그래야 삶의 권태도 느끼지 않으며, 의욕적인 삶을 살 수 있을 것 같다. 왜냐하면 사람은 자신이 원하는 목표를 설정하고 노력하는 가운데 행복을 느끼기 때문이다.

세 번째는, 생명력을 주고받는 멋진 사랑을 하라고 한다. 연인이든, 부부든 서로 상생작용이 있는 관계가 좋은 것 같다. 어느 한쪽만 희생하거나, 서로를 행복에 이르는 수단으로 보는 모습들은 바람직하지 않다. 그러니 혼자서 스스로 자신만의 성장과 행복을 좇아가되, 나의 연인은 그런 과정을 함께 하는 동반자로 봐야 할 것이며, 서로에 대한 진정 어린 관심을 쏟아야 한다. 그러면 둘이 함께 상생하는 멋진 커플이 될 수 있을 것이다.

네 번째는, 노력과 체념의 균형을 맞추라는 것인데, 항상 최선을 다하되, 그 결과는 운명에 맡기는 담담한 마음을 가지라는 것이다. 미리 걱정하지도 말고 그렇다고 노력을 안 하는 것도 아닌 삶. 그저 나에게 주어진 삶에 대해 최선을 다하면서도 물 흐르듯이 담담하게 살아가는 것이야말로 진정으로 행복한 사람의 모습이 아닐까.

또 하나 주의할 것은, 행복이 또한 강박이 되어서는 안 된다는 것이다. 내 가족이 행복하기 위해 내가 억지로 행복한 척 할 필요도 없다. 중요한 것은 내 마음 깊은 곳에 있는 나의 솔직한 느낌과 감정이다. 늘 나 자신의 감정과 생각을 바라보는 연습을 하고, '그렇구나, 그렇구나.' 하며 늘 나 스스로를 공감해주고 다독거리는 삶을 살기 원한다. 그리고 가슴 속에 감사와 사랑하는 마음이 충만해질 때, 스스로의 자존감도 회복되고,

내 가족뿐만 아니라 내 주위의 모든 사람들을 너그러운 마음으로 바라볼 수 있게 된다. 이렇게 담담하고 유연해진 마음이야말로 행복한 삶의 지름길이 아닐까. 내가 그런 마음으로 행복한 모습을 보일 때, 내 주위 사람들도 덩달아 행복해지는 멋진 그림이 그려질 것 같다.

어른이라고 다 완벽하지 않습니다

우리가 어렸을 때는 부모님이나 학교 선생님이 하늘과 같이 느껴지던 시절이 있었다. 그러나 커보니 어떤가? 옛날에는 하늘과도 같고 전지전 능하게만 느껴졌던 이들이 점점 인간적으로 느껴지고 실수투성이에 미숙하다는 것마저 발견하게 된다. 그러면서 우리는 "아! 사람은 나이에 관계없이 한없이 미약하고 연약한 존재구나." 하고 깨달으며 이해하며 살려고 노력한다. 맞다. 사람은 태어나서 죽기 전까지 모두 다 훌륭하고 성숙한 인간으로 완성되는 것이 아니라는 사실을 인정해야 한다. 전생을 기억하는 사람은 아무도 없을 것이다. 그러니 우리는 모두 이번 생이 처음이다. 혹시 우리는 어른이 되면서 모두가 성숙해야 한다는 잘못된 관념에 빠져 있는 건 아닐까?

우리는 살면서 상대방이 너무 이해가 안 되고 야속하게 느껴질 때가 많다. 가족이든, 지인이든, 사회에서 만난 사람이든 그들과 함께 살면서 내가 그들에게 무언가를 기대하며 살기 마련이다. 그러나 우리가 그렇게 기대한 만큼 많이들 상처도 받고 실망하기도 한다. 왜냐하면 사람은 기본적으로 이기적인 품성을 가지고 있으며, 극한의 상황이 되면 결국 자신이 최우선이 되기 때문이다. 어렸을 때는 부모님이 나에게 희생적이었고, 내가 기대면 그에 대한 반응이 돌아왔었다. 그러나 내가 커보니, 모든 사람이 무조건적인 희생정신을 가지고 있는 것이 아니었고, 세상의 어른들이 다 우리 부모님 같지는 않았다. 이렇게 우리는 아마도 성인이 되어 부모님의 보호를 벗어난 후 가장 먼저 깨닫는 것이 바로 세상의 각박함, 세상 사람들의 이기심 같은 것일 거다.

그러나 이것을 슬픈 현상으로 보는 것은 아주 위험한 발상이다. 오히려 지극히 자연스럽고 인간적이라고 보아야 맞을 것이다. 사람들은 기본적으로 이기적이라는 사실, 그리고 육신을 가진 한 인간에 불과하기 때문에 신(God)과 같이 무한한 능력을 가진 것도 아니고 완벽한 선을 행할 수도 없다는 사실을 담담하게 받아들여야 한다. 착하고 여린 사람들이 흔히 착각하는 것이 바로 이런 것이다. 다른 사람도 나와 같이 기본적으로 착하고, 내가 조금 손해를 보더라도 가능하면 남에게 피해를 주지 않고 좋은 소리를 듣고 싶어 하는 삶을 산다고 생각한다. 그러나 이것은 착각이다. 다른 사람은 그런 것들을 신경 쓰지 않고 자기 위주로만 생각하며 사는 사람들이 대부분이다. 그리고 주위에 그런 착한 사람이 있으면 그들을 만만하게 보며, 이용하려고까지 생각한다. 혹시 착한 사람도 있고, 그보다 안 착한 사람도 있어서 균형을 이루려는 세상의 이치가 있는지는 모르겠다. 그러나 착한 사람만 손해 보고 상처받는 일은 좀 옳지 않은 것 같다. 왜냐하면 영적인 성장을 목표로 하는 인간의 삶을 위해서, 착한 사람이나 그 상대방에게 안 좋은 영향을 미칠 수 있기 때문이다.

착한 사람이 완벽하지 않은 것도 아니고, 착하지 않은 사람이라고 다 완벽한 것도 아니다. 우리 인간은 원래 완벽하지 않은 존재이다. 완벽하지 않기에 이 지구라는 별에 살면서 스스로를 단련시켜 끊임없이 성장하려고 노력하는 것이다. 이 지구별에서의 인간의 삶은 말 그대로 내 영혼이 성장하기 위한 학교인 것이다.

우리는 살면서, 어른이 되고 노인이 되어도 성숙하지 못한 모습들을 주변에서 많이 보게 된다. 혹자는 "나잇값을 해라!" 하면서 그들을 비난하기도 한다. 그런데 나이가 들어간다고 해서 모두들 정신적인 부분이나 인격적인 부분이 지속적으로 훌륭해지는 것은 절대 아니다. 그렇다고 노인들 모두를 다 싸잡아서 나이 들면 으레 성격이 꼬장꼬장해지고 고집이 세진다고 일반화해서도 안 된다. 우리는 이러한 사실을 반드시 짚고 넘어가야 한다. 나이를 먹어간다고 모두가 성숙해지고 완벽해지는 것은 아닌 이유는 여러 가지가 있다.

첫째, 천성이 원래 심하게 이기적이거나 나쁜 사람들은 나이를 먹어간다고 해서 바뀌기란 쉽지 않다. 아주 큰 이변이 있지 않는 한, 천성은 고치기가 힘들기 때문이다. 만약 주변에 성격 더러운 노인네가 있다면 그건 그냥 그 사람이 원래 그런 사람인 거지, 모든 노인들이 다 그렇다고 매도하지 말았으면 좋겠다.

둘째, 사람은 늙어갈수록 의학적으로 몸속에 많은 변화가 일어난다. 자율 신경계의 균형이 깨지기 쉽고, 근육과 뼈가 변하며, 각종 호르몬과 신경전달 물질의 분비에 있어서 변화가 일어난다. 인체 생리학적으로 복합적인 노화 현상으로 인해, 나이가 들어갈수록 겉모습도 변하지만, 기분(mood)이나 정서(emotion)상태, 그리고 정신적인 부분(psychotic condition) 또한 함께 변화가 일어난다. 노인이 되면 흔히 편집적인 성격이 늘어간다고 한다. 예를 들어, 누구를 의심하거나 트집을 잡거나 하는 편집증적인 증상이 생기는 것을 말한다. 노인 우울증이라는 것도 쉽게 오는데, 이것은 치매와 혼동되거나, 치매와 함께 오기도 한다.

우울증이나 편집증은 한 가지 이유만으로 오는 것이 아니다. 생리적인 약화로 시력 저하, 난청, 인지기능 저하, 운동능력 저하 등 여러 가지 신체적 문제들도 그 원인이 될 수 있다. 또한, 신체 능력뿐만 아니라 정신적 기능, 정신 에너지가 약화되어 일상생활을 수행해낼 능력이 떨어지면 편집증, 우울증에 빠지기 쉽다. 그 밖에 사회활동의 단절, 주변 환경으로부터의 고립 등도 증상을 일으키고 악화시키는 중요한 요인이 된다. 이처럼 나이가 들어갈수록, 서서히 나타나는 여러 가지 변화에 의해 몸도 바뀌고, 마음도 바뀔 수 있는 것이다. 따라서 우리가 연세가 있는 어르신들을 볼 때 무조건 나의 기준으로 볼 것이 아니라, 노화 현상이나 건강 상태를 기준으로 한 번쯤 생각해보는 것이 어떨까. 그러면 더욱더 노인들을 이해하고, 우리 부모님도 더 잘 이해할 수 있을 거라 생각한다. 그리고 우리가 어렸을 때는 그들이 우리를 돌봐왔지만, 이제는 우리가 그들을 돌봐드려야 할 때다. 우리가 좀 더 넓은 아량으로 어르신들을 품어드려야 하지 않을까 생각해본다.

세 번째로, 사람의 인생은 이번이 다들 처음이다. 누구의 자식으로도 처음이고, 누구의 부모로서도 처음이다. 그리고 사회에 나가서 돈 벌고 열심히 사는 것도 처음이다. 사람은 태어나면 모든 것이 처음이고, 처음부터 다 잘할 수는 없다. 그러니 우리 부모님도 나에게 완벽한 부모가 되기 어렵고, 나 또한 우리 부모님한테 완벽한 자식이 되기도 어렵다. "우리 부모님이 좀 더 푸근한 성격에 나를 많이 사랑해주셨더라면 얼마나 좋았을까?"라든지, "우리 부모님이 부자였으면 나를 좀 더 많이 지원해주셨을 텐데." 하고 생각한 적이 있는가? 이런 생각에 휩싸이기 시작하면 정말 끝이 없다. 이런 생각만 하다 보면, 불평불만이 늘고 원망만 쌓이게 된다. 부모님은 모두 능력이 되는 한 자식들을 도와주고 싶고 사랑도 많이 해주고 싶을 것이다. 그러나 현실적인 문제 때문에 그런 완벽한 부모의 모습을 다 보여줄 수는 없는 노릇이다. 그리고 우리라고 완벽한 자식이라고 자신 있게 말할 수 있는지도 한번 생각해보기 바란다.

사람은 다 똑같다. 나이가 어리든지 나이를 먹었든지 다 같은 연약한 인간이다. 서로 너무 완벽함을 기대하지 말자. 그냥 있는 그대로의 존재 속에서 작은 감사할 점을 찾고, 내가 더 사랑하고 포용하는 자세로 다가 간다면 원망이나 불평불만은 사라질 것이다.

내가 어른이 되어 아이를 키우고 사회생활을 하며 절실히 느낀 것이 있다. 과연 나는 제대로 어른이 되어가고 있는가? 그리고, 나는 나의 아이들을 잘 키우고 있는 것인가? 하는 의문에 자주 사로잡히곤 했다. 마치 내 몸은 커가지만, 마음은 아직 어린아이로 남아 있어 세상이 요구하는 의무와 책임을 다 감당할 수 있을까 하는 불안감에 휩싸이곤 했다. 그래도 나는 착하고 인내하며 헌신하는 성격인지라, 주어진 현실에 열심히 살아왔다. 아픈 아이를 열심히 치료시키고, 둘째도 낳아 예쁘게 키우고, 의사로서 나의 직업에 사명감을 가지고 열심히 일했다. 그러나 나는 나의 깊은 마음속에 있는 연약하고 불안한 어린아이를 늘 다독거려야 했던 것 같다. 그 어린아이가 갈등하고 힘들어할 때마다 나는 "할 수 있겠지? 그냥 열심히 하면 되는 거야. 힘내렴. 어쩔 수가 없잖아." 하며 어쭙잖게 스스로를 다그치곤 했다. 그러나 나중에 결국 삶의 무게에 넘어져 나가떨어졌을 때, 나는 마침내 나의 연약함을 인정할 수밖에 없었다. 그래서 나는 자신을 우선해서 생각하는 약간은 이기적인 마음으로 병원을 폐업하고 휴식하기로 선언했다. 그리고 나의 아이에게 "엄마는 그동안 너무 힘들게 살아서 지금 건강이 많이 나빠졌단다. 엄마도 한 인간이잖니. 이렇게 많이 힘드니 어쩔 수가 없구나. 미안하지만 엄마가 좀 쉬어야겠어. 그러니 너희들도 엄마를 이해해주고 지켜봐줄 수 있겠지?" 하고 말했다. 아이는 엄마가 힘들면 당연히 쉬어야 한다고 말해주었다. 뭘 먹고 살지 살짝 걱정을 하긴 했지만, 그래도 엄마를 응원해주었다. 혹시나 나는 자신만 생각하는 이기적인 엄마로 보일까 봐 걱정했었다. 그러나 엄마도 한 인간이고 연약한 존재라는 것을 솔직하게 다 말하고나니 정말 마음이 편해졌고, 그런 엄마를 이해해준 아이가 너무 고마웠다.

우리 부모님은 그 옛날에 두 분 다 대학을 나오신 엘리트셨다. 아버지는 약대를 수석 입학, 수석 졸업의 전설을 갖고 계신 약사시고, 엄마는 어렸을 적부터 공부벌레로 고려대 경영대를 나오셨다. 아버지는 고향에서 50년 넘게 약국을 아직도 경영하고 계신다. 내가 어렸을 적에 아버지는 아주 권위적이고 카리스마 넘치는 전형적인 한국 아버지셨다. 엄마는 평생 주부로 사셨지만, 6남매를 키우시면서 물심양면 고생을 많이 하셨고, 어떤 결정을 하실 땐 화끈하게 스케일이 크셨던 분이다. 그랬던 우리 부모님이!! 세월이 뭐라고 지금은 많이 노쇠해지시고 많이 변하셨다는 생각이 든다. 지병으로 몸도 약해지고 마음도 약해지셨는지 옛날 같지 않으신 모습에 정말 마음이 아플 때가 많다. 옛날엔 정말 하늘같이 강한 엄마, 아버지셨는데 이리도 약해지실 줄이야……. 그렇게 힘들게 6남매를 키우시느라 몸과 마음이 많이 상하셨을까? 그렇게 희생만 하셨으니 스스로 호강하실 줄도 모르고…. 너무나 마음이 아프다.

　나도 지금 어른으로서 완벽한 모습만 보이며 산다는 것이 불가능하다는 것을 안다. 그러니 우리 부모님도 마찬가지 아니겠는가? 옛날의 부모님도 완벽하지 않았을 수도 있다. 그리고 지금 현재의 부모님도 물론 그럴 수 있다. 왜냐하면 한 인간이니까! 우리 부모님도 나도, 그리고 나의 자녀도, 다른 모든 사람들도 모두 다 완벽할 수는 없다. 그냥 그 존재 자체로 소중한 것이다. 혹시 내 부모님에게, 내 가족에게, 주위의 어르신에게 불만이나 실망스러웠던 점이 있는가? 그렇다면 이제 다 내려놓고 내 마음속에 감사와 사랑의 감정을 키워보자. 그리고 나이에 관계없이 모두 소중한 존재라는 것을 깨닫고, 이제는 우리가 그들을 이해해주고 품어드려야 하지 않을까.

　내가 어른이 된다고 해서 다 완벽할 수는 없다는 것을 스스로 깨닫길 바란다. 그리고 그런 인간적인 나를 스스로 늘 다독거리고 격려해주길 바란다. 나 자신과 더불어 이 세상 모든 사람이 다 완벽하지 않은 연약한 인간이라는 것을 인정할 때, 내 마음속에 더욱 큰 사랑과 자비로운 마음이 솟아날 것이다.

04

착하게 살지 않아도 괜찮습니다

　인생을 착하게 살아온 사람들은 드는 생각들이 있다. "나는 왜 이리 남들 좋은 일만 하며 살지?", "나는 왜 이리 손해만 보는 것 같지?", "왜 나만 희생하며 살아야 하지?" 등등이다. 이런 생각들을 자꾸만 하게 되면 자괴감이 들고 자존감은 당연히 떨어지게 마련이다. 이것이 심해지면, "나는 왜 이리 바보 같지? 아직도 정신 못 차리고 계속 이렇게만 살아야 하나?", "나는 도저히 구제할 수 없는 성격을 가졌나? 내가 착한 게 무슨 죄라고. 이 세상이 험악해지고 세상 사람들이 이상해지는 것이 아닐까?" 하는 생각까지 갈 수도 있다. 더 심해지면 그야말로 분노감이 생기고 이 세상이 미워지기까지 한다. 나 자신도 이런 부정적인 생각에 휩싸여 분노감, 자괴감, 집착에 빠져 한동안 빠져나오지 못하고 힘든 시간을 보낸 적이 있다. 경험한 사람은 알겠지만 여기에 빠지면 스스로 헤어 나오기 힘들 정도로 삶이 많이 피폐해지고 우울해져 쓸데없는 데에 에너지를 낭비하게 된다. 그야말로 내 인생을 좀먹는 결과가 되어버린다.

나는 내 인생이 이런 부정적인 생각에 끝없이 허비되고 있는 것 같아 마음이 너무 힘들었다. 그래서 이런 생각에서 벗어나기 위해, 책을 수십 권 읽고 여기저기 상담실을 다니고, 산으로 들로 돌아다니며 명상도 하고 노력했다. 그렇게 간신히 헤어 나오는 데에 수개월이 걸렸다. 그때 당시 나는, 다시는 상처받지 않는 방법을 찾아가기보다는, 그 이전에 나의 부정적인 생각, 떨어진 자존감을 먼저 회복시켜야만 했다. 정말이지 누군가의 위로의 말 한마디가 갈급했고, 나랑 같은 경험을 한 사람의 조언이 필요했다. 그리고 부정적인 생각에서 벗어나는 법을 배워야만 했다.

내가 경험한 바로는, 반대로 좋은 생각만 하고, 반대로 이기적으로 바뀌고, 억지로 세상을 미워하지 말아야지 하고 마음먹는다고 해서 고쳐지는 것이 아니었다. 그보다 먼저, 나의 마음을 고요하고 평온하게 만드는 것부터 필요했다. 그러기 위해서 내가 가장 처음 한 일은 내가 나를 바라보는 연습을 하는 것이었다.

끊임없이 내가 나를 매순간 바라보는 것은 과연 어떤 것일까? 우리가 평소에 생각하고 느끼는 '나'는 쉽게 말하면 에고(ego)에 해당한다. 에고는 육체에 종속되어 지배를 받으며, 감정에 지배를 당한다. 우리가 살면서 쉽게 느끼는 생각과 감정은 바로 에고이고, 이 에고는 환경과 상황에 따라 쉽게 흔들리며 상처받는다. 따라서 에고는 강하지 않고 정말 깨지기 쉽다. 그러나 우리는 이 의식 속에 있는 에고가 우리의 진짜 자아가 아니라는 사실을 이해해야 한다. 우리의 진짜 자아는 오히려 무의식 속에 있는 자아이다. 나의 심장 깊은 곳에 숨어 있는 고귀한 영적 존재로서의 '나'라고 생각하면 쉬울 것이다. 우리는 이 진짜 자아를 항상 느끼고, 그 찐 자아로 항상 나 자신을 바라보는 연습을 해야 한다.

'유체이탈'이라는 말을 들어본 적이 있을 것이다. 말 그대로 내 영혼이 내 육신을 빠져나오는 것을 말한다. 나는 이 말을 병원에서 환자들에게 종종 사용한다. 환자의 얼굴에 시술을 할 때 고통을 유발하는 시술을 할 때가 있는데, 나는 이때 이 말을 자주 사용한다. 통증을 견디기 힘들 때 '유체이탈'을 하는 느낌으로 영혼을 몸 밖으로 끄집어내어 시술을 받는 나의 몸을 바라보라고 얘기한다. 그러면 신기하게도 통증이 경감되는 경험을 많이 하게 된다. 과학적인 원리가 있겠지만 생략하겠다. 중요한 건 우리가 생각하기에 따라 나의 몸 상태를 바꿀 수 있다는 뜻이다. 명상을 하거나 고도의 정신적 몰입 상태에 이르게 되면 세타(θ)파라는 뇌파가 활성화된다고 한다. 이 상태가 되면 어떤 깨달음, 통찰력이 좋아지고 인지기능이 좋아지며, 고통과 피로감, 공포감 등의 생각이 사라진다고 한다. 나는 우리가 가슴 깊은 곳에 있는 진짜 자아로서 항상 나 자신을 바라보는 연습을 하면, 이 세타파의 뇌파 상태가 많아져 부정적인 생각이 사라지고 마음이 평온해지며, 온갖 분노감, 공포감도 점점 줄어들게 될 것이라 생각한다. 그리고 더 나아가 내 마음이 좀 더 유연해지고 자비심이 풍부한 너그러운 마음이 피어날 것이다.

착한 사람들에게 뜬금없이 이런 이야기를 하는 이유는 따로 있다. 그것은 우리가 그동안 상처만 받고 살아왔다고 해서 지금부터 당장 매정하고 강한 사람이 되자고 하는 것은 잘못인 것 같아서이다. 어떻게 사람이 한 순간에 다른 사람으로 바뀔 수 있겠는가? 우리도 이놈에 성격을 바꾸고 싶어서 그동안 많이 애써왔어도 잘 안되지 않았던가? 그러니 나는 작은 것부터 차근차근 가자는 의미에서, 우선 나 자신을 바라보는 연습을 하자는 말을 하고 싶다.

에고가 부리는 내 생각과 감정에 휘둘리지 말고, 내 진짜 자아가 한 발짝 물러서서 힘들어하는 에고에게 더 이상 그러지 말라고 말해주는 건 어떨까? 이제 그만 스스로 자괴감을 느끼지 말라고, 이제는 다른 사람들보다 자신을 더 사랑해보라고 말해보자. 내가 당당하게 하고 싶은 말 다 하고 까칠하게 거절을 해도 남들에게 큰 피해가 없는 거라고, 이렇게 해도 이기적인 것이 아니라고 스스로에게 반복해서 말해보자. 그리고 그동안 힘들었던 나 자신에게 그 때는 그럴 수밖에 없었으니 다 이해한다고, 후회하지도 말고 스스로를 탓하지도 말라고 말해주자. 우리는 착한 사람들이고 모두들 이번 인생이 처음이며, 세상에 못된 사람도 있듯이 우리처럼 착한 사람도 있어야 균형이 맞지 않을까 하고 그냥 합리화라도 시켜보자. 내가 이렇게 생각한들 뭐 어쩔 것인가.

또한 나 자신을 자꾸만 바라보면서 잘못된 생각과 마음을 고쳐 가면, 부정적인 마음이 사라지고 긍정적인 마음이 샘솟게 될 것이다. 그러면 내 마음을 솔직히 표현할 때 불편함이 사라질 것이고, 보다 당당한 나 자신이 되어가는 것을 느낄 수 있을 것이다. 내가 바라는 것은 바로 이것이다. 내 마음이 먼저 편해지고 긍정적인 마음을 갖게 되는 것. 이것이 바로 내 자존감을 높이며 희망차고 의욕적인 삶을 살게 되는 지름길이 될 것이다.

나 자신을 보다 객관적으로 바라보는 시각이 길러지면, 남들 또한 객관적으로 바라보는 능력 또한 길러질 것이다. 그러면 어떤 상황이 생겼을 때 좀 더 현명하고 합리적인 판단이 가능해질 것이다. 쓸데없는 감정과 인정 욕구에 휘둘리는 에고를 이기고, 나의 진짜 자아가 나를 주도하는 삶을 살아야 한다. 그러려면 항상 한 박자 쉬면서 나 자신을 바라보고, 내 가슴 깊숙한 곳의 진짜 자아가 원하는 것에 귀를 기울여야 한다. 그런 다음, 내가 진정 원하는 것을 용기를 내어 실천하면 더 이상 실수와 상처는 없을 것이다. 설령 또다시 후회하는 일이 벌어진다 해도, 별로 기분 나쁘지 않고 좋은 경험으로 삼고 지혜가 더 늘어가게 됨을 기쁨으로 여기게 될 것이다.

착한 사람들이여! 기를 쓰고 무조건 깐깐하고 강한 사람이 되려고 애쓰지 말자. 이것 또한 강박 증상의 하나일 수도 있다는 것을 기억하자. 그냥 있는 그대로의 나도 그리 나쁜 것은 아니라고 생각하자. 가끔씩 TV에 나오는 외국인들을 보게 되면, 의외로 순진하고 착하다는 인상을 받곤 한다. 그 속은 모르겠지만 적어도 겉으로 나오는 말투나 행동을 보면 외국인들은 의외로 굉장히 순하고 착하며 매우 예의바른 것을 느낄 수 있다. 거기에 비교되어 오히려 우리나라 사람들이 더 위선적이고 이기적인 사람들로 생각될 때도 있다. 그러나 가만히 들여다보면 그 차이를 알게 된다.

우리나라는 인간 상호 관계를 중요시 여기는 문화여서 그런지, 오지랖이 넓어 괜히 참견하는 사람도 많고, 괜찮겠지 싶어서 무리한 요구를 하는 사람도 많다. 그리고 왜 이리들 남의 일에 관심들이 많은지 말도 참 많다. 인터넷 포털 사이트의 댓글 문화를 보면 슈퍼 오지라퍼들의 쓸데없는 참견의 진수를 보게 된다. 그러나 외국인은 그렇지 않다. 각자 개별적인 특성이 중요한 문화이기 때문에, 오히려 간섭이 적고 무리한 요구를 잘 하지 않으며, 평소에 매우 예의 바르다. 그러다 이건 아니다 싶을 땐 태도가 바뀌어 냉정한 말도 더 잘한다. 나는 우리 착한 사람들이 배워야 할 점이 바로 이런 것이라고 생각한다. 이 외국인들의 태도는 바람직한 착한 이기주의자의 모습을 보여주고 있는 것이다. 무조건 까칠한 사람이 되기보다는, 어느 정도 개인주의적인 성향에 모든 상황을 객관적으로 판단하는 습관을 가지면서도, 또한 너그럽고 예의 바른 사람이 되는 것이 좋을 것 같다. 그래야 맺고 끊음이 명확해지면서 더 이상 손해 볼 일도 방지할 수 있고, 당당하고 쿨하게 살 수 있지 않을까 생각한다.

  그러니 항상 나를 객관적으로 바라보는 연습을 하면, 나 자신을 누구보다도 잘 이해하고 용서하는 것을 시작으로 해서, 점점 마음이 평온해지고 긍정적으로 바뀌어갈 것이다. 그리고 긍정적인 마음이 충만해지면, 나를 포함한 이 세상 모두를 감싸 안을 여유로운 마음이 생길 것이다. 서서히 자존감이 올라가고 마음이 단단해져서 내 마음을 솔직하게 잘 표현할 수 있게 되고, 세상 모든 일을 객관적으로 판단할 수 있는 경지에 이르게 될 것이다. 그러면, 이제 나는 더 이상 착해 빠진 유약한 사람이 아니라, 남들이 보기에 절대 만만하게 보이지 않을 강한 내공을 가진 사람이 될 것이다.

  이 얼마나 멋진 일인가? 이것이야말로 쿨하고 멋진 진정한 착한 이기주의자의 모습이 아닌가. 어렵지 않다! 그저 항상 나를 바라보고 나를 사랑하면 된다! 우리 착한 사람들은 어쩌면 자기만 아는 이기적인 사람보다 이 세상에서 더 큰 일을 해낼 사람들일지도 모른다. 그러니 자부심을 가지고 이 세상을 향해 당당히 나아가자! 나 대단한 사람이라고!

05

자신의 등을 토닥여주세요

　나는 어렸을 적부터 유독 외로움을 많이 탔던 것 같다. 나는 고등학교 시절에 처음으로 집을 떠나 근처 도시로 유학을 갔다. 처음으로 집을 떠나 하숙집이라는 곳에서 숙식을 하며 내 삶을 스스로 책임지며 잘 살아야 했기에 좀 긴장했었지만, 그런대로 적응은 잘 해나갔다. 그러나 시험 기간이 되면 나의 마음 한쪽 구석이 유별나게 허하게 느껴지고, 외로움인지 불안함인지 모를 불편한 감정을 느끼곤 했다. 그래서 시험 기간엔 매일 저녁 고향에 계신 엄마와 통화를 한참이나 한 후에야 마음이 안정되어 다시 시험 공부를 할 수 있었다. 그렇게 시험 기간이면, 100원짜리 동전을 손에 한가득 쥐고 하숙집 앞 공중전화 박스에서 저녁마다 긴 통화를 했던 기억이 지금도 새록새록 하다.

　서울로 대학을 가서는 이 증상은 더 심해졌다. 의과대학은 워낙 시험이 많았으니 이래저래 엄마를 들들 볶았던 것 같다. 매일 밤 전화를 하거나, 시험 기간엔 아예 서울로 엄마를 올라오시라고 해서 옆에서 밥도 하고 간식도 챙겨달라고 떼를 쓰기도 했다. 옆에서 언니들이 나를 많이 타박했지만, 나는 마음이 너무 힘들고 외로워 누군가의 도움이 간절했기에 할 수 없이 가장 든든하게 기댈 수 있는 엄마를 그렇게 고생시켰던 것 같다. 맘속으로는 나 때문에 고생하시는 엄마에게 너무 미안했지만, 나는 세상 그 누구보다 엄마가 내 옆에 있는 것이 너무 안정감을 주었기 때문에 어쩔 수가 없었다.

　고향을 떠나 더 큰 도시로 나아가 산다는 게 나한테는 너무 겁나고 두려운 일이었나 보다. 시골에서는 학교에서는 친구, 집에서는 가족이 있어 하루 종일 대부분은 누군가와 함께 있지만, 큰 도시에서는 이동 시간이 길어 혼자 있는 시간이 많고 같이 자취하던 언니들도 각자 바쁘니 서로 대화할 시간도 많지 않았기 때문이었던 것 같다. 큰 도시에서 혼자 있는 시간이 많아지고 남들처럼 친구들과 여기저기 놀러 다니는 일도 거의 없어서 무척 무료하게 시간을 보냈던 것 같다. 학교 공부가 많고 시험도 많아서 학교, 도서관, 집만 왔다갔다 했던 것 같다. 미팅을 통해 남자친구도 사귀어봤지만 그렇게 길게 가지는 않았다.

지금 생각해보면, 대학 시절 좀 더 적극적으로 친구들과 놀러 다니고 문화생활을 많이 경험했으면 좋았을 걸 하는 후회가 남는다. 남자친구도 많이 경험하고 사람 보는 눈도 키우고 그랬으면 나중에 사회생활하는 데 도움이 되었을 텐데 하고 많이 후회되기도 한다. 의과대학 본과 3학년쯤 첫 선 자리에서 만난 남자와 결혼을 했으니, 나는 정말 아무것도 모르는 상태에서 결혼하고 아이를 낳고 사회생활에 던져진 인생을 살아온 것 같다. 나는 사실 여기에 콤플렉스가 크다. 아무것도 모르는 철부지가 제대로 놀아본 적도 없고 공부만 하다가 시키는 결혼을 하고 남들도 다하니 나도 아이를 낳고, 의사가 되었으니 의사로서 사는 것이 얼떨결에 쭉 이어진 내 인생이었던 것이다. 앞만 보고 용쓰며 살아온 내 인생, 주어진 삶의 무게에 짓눌려 꾸역꾸역 살아온 내 인생, 나는 한참 나중에 40대 중반이 되어서야 비로소 내 인생을 뒤돌아볼 필요성을 느끼게 되었다.

그동안 나는 어떻게 살아왔는가? 결국은 내 몸이 고장이 난 후에야 내 인생에 멈춤이 필요함을 깨닫게 되었다. 사람은 살다 보면 다 이런 때가 오나보다. 하늘은 나에게 잠시 멈추라고 사인(sign)을 여러 번 보낸 적이 있는 것 같다. 이런 하늘의 사인을 알아채는 것이 얼마나 중요한지 나이를 먹어가면서 더욱 절실하게 느낀다. 나 또한 여러 번 사인을 경험하고 나서야 병원 문을 닫고 완전한 휴식에 들어갔으니 참 바보 같기도 하다.

사람은 왜 살면서 이러한 멈춤이 필요할까? 왜 내 몸이 아프고 마음이 아픈 일이 일어나는 걸까? 곰곰이 생각해보았다. 결론은, 지금 이 순간 정말 나에게 필요한 것이 멈춤이라면, 과감하게 모든 일을 중지시키고 온전히 나와 내 주위를 탐색하고 점검하는 귀한 시간으로 써야겠다는 생각이 들었다. 휴식의 시작은 나 자신을 스스로 바라보는 것부터 시작되는 것 같다. 나라는 사람이 그동안 어떻게 살아왔는지, 어떤 시행착오를 겪었는지, 지금 마음 상태는 어떤지를 스스로 파악해야만 했다. 그러려면 나만의 고요한 시간이 필요했다. 혼자만의 고요한 시간에 사색을 하고 일기를 쓰고 독서도 했다.

그러나 아주 옛날부터 혼자만의 시간을 갖는 지금까지도 줄곧 내 곁에 항상 따라다니는 아이, 바로 외로움이라는 아이가 있음을 깨달았다. 나는 열심히 일을 해도, 사랑으로 아이를 키워도, 남편이 옆에 있어도 늘 외로웠던 것 같다. 그 이유는 자세히 모르겠지만 아마 그냥 성격 탓으로 돌려도 될 것 같긴 하지만, 그러나 나는 이 외로움이 너무 싫기는 했다. 이혼 후에는 더욱 그랬다. 일이 힘들어도, 아이 양육이 힘들어도 집에서 누구랑 도란도란 얘기할 사람 한 명이 없다는 것이 얼마나 외로운지. 너무나 위로받고 싶고, 힘든 것을 토로하고 싶은데 자기 전 한밤중에 누군가와 이야기 할 상대가 아무도 없었다. 나도 나이가 드니 연로하신 친정 엄마한테 이런 것을 다 말할 수도 없고, 각자 살기 바쁜 형제자매들에게도 연락하는 게 쉽지 않았다. 남자친구를 만들어 위로 좀 받아보려고 했건만 왜 이리 맘에 드는 인간들이 없는지 너무나 절망적이었다.

결국은 사람에 의지하지 않고 외롭지 않은 방법을 찾아야 했다. 나는 서적을 수십 권 읽으며, 드디어 공통된 문장을 발견했다. '혼자 있을 때 외롭지 않아야, 같이 있어도 외롭지 않다.'라는 말이다. 처음에는 굉장히 거부감이 들고 화가 났다. 그러나 책들 속에서 인생 선배들이 하나같이 강조하는 것이 바로 혼자 있을 때 외롭지 않고 즐겁게 지내라는 것이었다. 나는 일단은 억지로라도 그 말을 믿어보기로 했다. 스스로 세뇌시키듯 혼자 할 수 있는 일들을 하나하나 해나갔다. 혼자 영화를 보고, 혼자 차를 마시고, 혼자 등산을 하고 혼자 무작정 걷고 책을 읽었다. 그러자 나의 마음이 점점 평온해져가는 것을 느꼈다. 혼자만의 고요한 시간을 가지면서 나 스스로를 바라보고, 내 생각과 감정을 들여다보기도 하고, 심장이 뛰고 숨을 쉬는 내 육신을 느껴보기도 했다. 일기를 쓰며 내 인생을 돌아보기도 하고, 버킷리스트 같은 나의 꿈을 적어보기도 했다. 자연에 가서 꽃과 나뭇잎이랑 대화를 나누기도 했다. 그러자 내 주변 모든 것이 생명이 있고 나와 교감하고 있다고 느껴졌고, 나의 마음이 매우 유연해지고 초연해지는 것을 느꼈다. 긴 휴식을 끝내고 다시 봉직의로 일하고 있는 요즘, 삶이 바빠질 때면 왠지 나 혼자만의 고요한 재충전의 시간을 너무나 갖고 싶은 충동을 느낄 때가 많다. 그럴 정도로 지금의 나에게는 나만의 고요한 시간, 나 스스로를 돌아보고 다독거리는 시간이 너무나 소중하다.

　나는 살면서 너무나 많은 상처와 뼈아픈 추억이 있다. 그동안 미웠고 서운했던 사람들도 많다. 그러나 이제는 점점 마음이 편안해지고 초연해지면서 그들을 용서해야겠다는 생각도 많이 하게 된다. 그리고 상처받고 힘들어 했던 나 자신을 이해해주고, 내 과거 또한 용서하고 싶다.

"그때는 그럴 수밖에 없었을 거야. 괜찮아. 다 이해해. 사람이 실수도 하고 그럴 수 있지. 그리고 나에게 잘못했던 사람들도 다 스스로 미숙하고 어리석은 마음 때문에 그런 걸 거야. 지금은 후회하고 미안해하고 있을 테니 난 괜찮아. 나도 그렇고 그 사람들도 그렇고 우리 모두는 이 지구별에 와서 나름대로 열심히 살면서 실수하고 배우면서 성장하려고 하는 거잖아. 그러니 각자 다 역할이 있는 것이고, 우리는 살면서 겪은 경험을 통해 지혜를 얻고 성장하면 그걸로 된 거야. 우리 인간의 삶은 다 그런 거야."

나 아니면 누가 100% 나를 이해해줄까? 그러니 남한테 기대하지 말고, 그냥 내가 나를 스스로 항상 사랑하고 위로해주었으면 좋겠다. 마음 속 깊은 곳에서 피어오르는 나의 생각이 가장 옳다고 응원해주는 것도 바로 나고, 목표를 향해 열심히 나아가라고 끊임없이 격려해주는 것도 나 말고 누가 있으랴. 예전에는 내가 결정한 사안에 대해서 남들에게 물어보고 나서 확신을 했지만, 이제는 그 반대다. 오히려 남들이 아무리 나에게 조언을 하더라도, 내가 스스로 깊이 생각해서 도출해낸 결론만이 확신이 든다.

이제는 외로움도 많이 사그라들었고, 바쁜 와중에도 언제나 혼자 있는 시간이 간절해진 삶을 살고 있다. 나 자신과 대화하며 스스로를 돌아보고, 보살펴주는 시간이 너무나 소중하다. 나는 항상 스스로에게 얘기한다. 열심히 잘 살아왔고 지금도 잘 살고 있다고. 옛날이나 지금이나 점점 더 지혜로워지고 있고 성장하고 있는 정말 멋진 사람이라고 말이다. 그리고 우리 착하고 선한 사람들에게 말하고 싶다. 열심히 인내하며 값진 인생을 살아온 자신의 등을 토닥여주세요!

06

힘들면 힘들다고 말해요

착하고 여린 사람들이 힘들게 사는 건 두말할 것도 없다. 거절을 못해서, 안 좋은 평가를 받을까 봐 전전긍긍하며 무단히 헌신하고 애쓰는 삶을 많이들 산다. 그렇게 살다가 너무 힘이 들어도 참고 또 참는다. 왜냐하면 나는 남들을 배려하고 항상 칭찬을 듣는 좋은 사람이라는 착한 사람 콤플렉스를 가지고 있기 때문이다. 그리고 이것을 유지하기 위해 강박증과 완벽주의적인 성향이 있는 경우도 많다. 심지어는 자기에게 주어진 모든 일을 훌륭하고 완벽하게 수행해내느라 너무 바쁜 나머지, 힘든 줄도 모르고 사는 경우도 허다하다. 이렇게 말하고 있는 나도 그중 한사람이었다.

나는 삶이 힘들어도 그냥 나에게 주어진 일이니 할 수 없이 내가 다 감당해야 하는 줄 알고 묵묵하게 인내하며 살아왔다. 힘들어도 혼자 한숨만 푹푹 쉬며 참고 또 참았다. 그런 나를 보고 오히려 주위에 가까운 사람들이 어떻게 그렇게 힘들게 살 수 있냐고 물어볼 정도였다. 나는 그런 질문을 받을 때마다 "아, 그래요? 내가 남들보다 그렇게 힘들게 살고 있는 건가요?"라고 반문하곤 했다. 다른 사람들은 자기는 하루도 나처럼 못살겠다고 너스레를 쳤다. 나는 내가 참 바보 같다는 생각이 들었다. 나는 왜 이렇게 살고 있지? 다른 사람들은 그럼 어떻게 살고 있는 거지? 나만 참고 살고 있고, 나만 멍청하게 살고 있는 건가?

나 스스로도 힘들다고 생각은 하고 있었지만, 주위에서 이런 소리를 들을 때마다 위로가 되기는커녕 내 인생이 더 불쌍해지고 자괴감만 들었다. "그래도 어쩌랴. 그게 내 삶인 것을…." 하고 체념하기 일쑤였다. 기나긴 시간 동안 힘든 삶을 살아가고 있지만, 누구에게 하소연하지도 못하고 혼자 삭히며 우울해하며 참담한 마음으로 살아왔다. 그냥 내 인생이, 내 운명이 그런 줄 알았다. 이번 생은 망했다고 생각했다. 그냥 내 생명이 다할 때까지 그 어떤 행복도 찾지 않고, 내가 해야 할 일만 죽어라 하면서 살려고 했다. 아픈 아이를 다른 누구에게 맡길 수도 없었고, 내가 평생 짊어져야 할 십자가인데, 아픈 아이와 혼자가 된 이혼녀를 누가 함께 받아주고 품어줄 것인가에 대한 생각을 많이 했다. 아무리 생각해도 답이 없었다. 그래서 일찌감치 자포자기하는 마음으로 묵묵히 내 건강이 허락되는 한도까지만 살아야겠다고 생각했다. 장애가 있는 아이를 키우는 부모라면 이와 같은 마음을 다 이해할 것이다.

건강마저 무너지고 공황장애까지 생겨 더 이상 환자를 볼 수 없는 지경이 왔을 때는 정말이지 아무 생각이 나지 않았다. 그냥 될 대로 되라지였다. 내가 죽겠다는데, 더 이상 어쩌란 말이냐는 마음으로 그냥 무작정 병원 문을 닫고 말았다. 그냥 돈이 없으면 밥도 굶고 살려고 했다. 그런데 인생이 참 신기하기도 한 것 같다. 사람이 죽지 않고 살아지는 것을 보면 말이다. 사람은 그리 쉽게 죽지 않는 법인가 보다. 그냥 없으면 없는 대로, 모자라면 모자란 대로 살아지더라는 것이다. 생활비가 모자라서 고민을 하다 보면, 오랫동안 부어왔던 보험이 생각나고, 또 살다가 돈이 부족하면 팔아도 될 시계가 생각나더라는 것이다. 하하하! 정말 세상 사는 신기하기도 하다. 하하하!

사람이 극한의 상황에 오랫동안 노출되면 어떻게 될까? 나도 몸이 정말 힘들고, 정신적인 스트레스가 너무 심할 때 대부분의 시간을 혼자 삭히고 억누르며 지냈다. 그렇게 지내니 얼굴 표정이 점점 굳어지더니 어느 순간부터는 어떻게 웃는지도 잊어버릴 지경이 되더라는 것이다. 더 나아가 어느 순간부터는 마음이 너무너무 힘들어서 펑펑 울고 싶어도 왜 이리 눈에서 눈물 한 방울 떨어지지 않는지!! 내 마음과 내 몸이 따로 노는 느낌이 너무나 이상하고 낯설었다. 내 마음과 감정이 느끼는 것들을 스스로 강하게 억누르고 무시하는 삶이 너무 오래 돼서 그랬나 보다. 이런 나 자신이 너무 딱하고 서글펐다. 울고 싶어도 울지 못하는 내 몸뚱아리. 내 삶은 도대체 어떻게 흘러가는 걸까 막막했다.

　그래도 나는 아이들이 가끔씩 나에게 작은 기쁨과 웃음을 줄 때마다, "그래, 내가 너희들 때문에 산다. 이 엄마는 너희들밖에 없다."라고 생각하며 속으로 위안했다. 그래도 요즘 다른 아이들처럼 발랑 까지거나 탈선하지 않고 착하게 커준 아이들이 너무나 사랑스럽고 고마웠다. 그리고 병원을 그만 둘 때 즈음부터인지는 모르겠지만, 언젠가부터 내 마음 속에 있는 말들을 솔직하게 표현하기 시작했던 것 같다. 엄마가 힘들어서 병원 문을 닫았다고 말했을 때 아이들은 그런 엄마를 탓하지 않고 잘했다고 응원해주었다. 너무 고마웠다. 나는 인생에서 멈춰야 하는 순간이 왔음을 절실히 깨닫고, 이를 아이들에게 솔직하게 알려주었다. 그런 나를 이해해주고 응원해주는 우리 아이들이 너무나 고마웠다. 그리고 나는 마음속으로 다짐했다. 때가 되면 꼭 다시 일어설 거라고. 어려운 이 시기가 지나면 나중에 꼭 더 행복한 나날이 올 거라고 작은 희망을 가지게 되었다.
　나는 끊임없이 노력하는 버릇은 못 버렸기에, 휴식의 기간 동안 나를 최대한 회복시키기 위해 또 열심히 노력했다. 여러 군데 상담사를 찾아가 상담을 하고 책을 미친 듯이 읽고, 명상을 하며 여기저기 자연 속에서 무작정 걸었다. 그렇게 어느 정도 시간이 흐른 뒤, 어느 날 밤 혼자 방에서 TV를 보다가 감동적인 장면이 나오는데, 갑자기 눈에 눈물이 맺히는 것이 느껴졌다. 나는 그때 깨달았다. 망가졌던 내 몸이 이제 서서히 정상으로 돌아오고 있구나. 이제 내 마음과 감정에 따라 몸이 반응하기 시작했구나 하고 느끼게 되었다. 인체는 정말 신비로운 것이었다.

당신은 살면서 극한의 상황에 어찌할 바를 모르고 그만 무너져 내린 적이 있는가? 나는 강한 정신력으로 버티는 삶, 끊임없이 참고 인내하는 삶을 살아왔기에 모든 것을 나 스스로 다 해결하려고 노력하며 살아왔다. 그래서 다른 사람에게 도움을 청하거나 내 일을 타인에게 넘기는 일은 별로 한 적이 없다. 그런 행동은 무책임하고 이기적이라고 생각했다. 그러나 결국은 나도 더 이상 버티지 못하고 무너지는 일이 생기더라는 것이다.

큰아이가 아프다는 것을 알았을 때 교회에 가서 수없이 울부짖었다. 이혼 소송 중일 때 새벽에 깨서 울면서 기도했다. 그리고 세무 조사를 당했을 때는 교회와 기도원에 가서 하나님께 살려달라고 엎드려 울부짖었다. 물론 인간이 아닌 신에게 하소연하는 것이라 쉽게 생각할 수도 있다. 그러나 나는 그리 독실한 신앙인이 아니었기 때문에 하나님 앞에 가서 엎드려 내 입술로 큰 소리를 내지르며 힘들다고, 살려달라고 외치는 것이 익숙하지 않은 일이었다. 그러나 나는 그때 그럴 수밖에 없었다. 너무 힘들었고 신에게 의지하고 싶었다. 그 순간은 정말이지 내 존재가 한없이 작아지고 보잘 것 없이 느껴졌다. 그래도 그렇게 소리 지르며 신 앞에서 울부짖기라도 하고나면, 그나마 조금 내 힘듦이 경감되는 느낌이 들었다. 그리고 하나님이 나를 도와주시리라는 작은 희망을 가슴에 품고 또 견디고 견디는 것이었다.

옛날에는 사람들에게 나의 힘듦을 얘기하는 것이 참 어려웠다. 내가 힘들어도 참고 참다가 나중에 결국 빵 터져 나와 하소연을 하면, 상대방은 오히려 당황스러워 했다. 왜 그런 얘기를 진작 하지 않았냐고, 그렇게 힘든지 몰랐다고. 진작 얘기했으면 내가 도와줬을 걸 하는 대답이 돌아오는 경우가 종종 있었다. 나는 그때 큰 충격을 받았다. 그리고 깨달았다. 참고 지내는 것이 다 좋은 게 아니라고. 오히려 상대방에게 솔직하게 하소연하고 도움을 청하는 것이 훨씬 나을 수도 있다는 것을 말이다.

나도 험한 꼴을 여러 번 겪다 보니 해결이 되든 안 되든, 일단 내가 하고 싶은 말을 다 하고 사는 게 더 낫더라는 경험도 하게 되었다. 그래서일까? 조금은 이기적으로 느껴졌지만, 어느 순간부터는 이판사판 에라 모르겠다. 나 힘들다고요! 하며 그냥 하고 싶은 말을 다할 수 있는 용기가 생겼다. 나도 인간이지 않은가? 나를 힘들게 하는 사람에게 당신 때문에 내가 너무 힘들다고 솔직하게 말하고, 가까운 친구나 형제자매, 부모님에게 나 힘들다고 도와달라고 얘기하는 것이 뭐가 어떤가 말이다. 지금 솔직히 말하면 그런 말을 할 때마다 아직도 심장이 벌렁거리긴 하지만, 그래도 이제는 필요하다 싶을 땐 그냥 내지르게 된다. 왜냐하면 그

편이 훨씬 더 나으니까 말이다. 내가 솔직하게 힘들다고 하소연했을 때 나를 진심으로 도와주는 사람이면 다행인 것이고, 그런 나를 떠나가는 사람이면 그냥 그 사람은 나랑 인연이 아니라고 생각하면 될 일이다. 그리고 일단 내 속이 조금이나마 후련해지니 그것도 좋은 일이다.

이 세상의 중심은 바로 나다. 내가 느끼는 것, 내가 생각하는 것이 바로 내 인생인 것이다. 내가 생각한대로 현실을 끌어당긴다고 하지 않은가? 내가 어떻게 마음먹느냐에 따라 내 인생이 한 순간에 행복해질 수도, 불행해질 수도 있는 것이다. 그리고 내가 솔직하게 말하고 행동할수록 내 주변이 자연스럽게 정리된다는 사실을 꼭 기억하자.

반드시 완벽하게 착하고 선하게 살 필요가 없다. 그럴수록 나만 힘들어지고 타인과의 인간관계도 실패할 확률이 높아진다. 적당하게 너그러우면서도 적절하게 개인주의적인 입장이 좋은 것 같다. 너무 이기적이어도 안 좋지만, 너무 착해 빠지기만 해도 인간 상호 관계에 바람직하지 않은 결과를 초래한다. 부당한 일이 있으면 단호하게 따질 줄 알고, 원하는 것이 있으면 당당하게 표현하는 것이 현명한 행동일 것이다. 그렇다. 우리는 이제 이러한 착한 이기주의자로 살기로 결심해야 한다.

그리고 나라는 사람 또한 한 인간에 불과하다는 것을 스스로 인정하자. 그래서 한 인간으로서 너무 힘이 들 때면 힘들다고 말할 줄도 알아야 한다. 왜냐하면 그래야 상대방도 나의 그러한 힘듦을 알아차려주고,

내 편이라면 나를 도와주려 할 것이기 때문이다. 사람은 이렇게 살아가는 것이 자연스러운 것이다. 스스로의 능력의 한계를 인정하고, 적절한 솔직함을 가지고 사는 것이 진실로 인간다운 모습이라고 나는 생각한다. 착한 사람들이여, 힘들면 힘들다고 말하세요! 이 세상에서 내가 가장 소중하니까요!